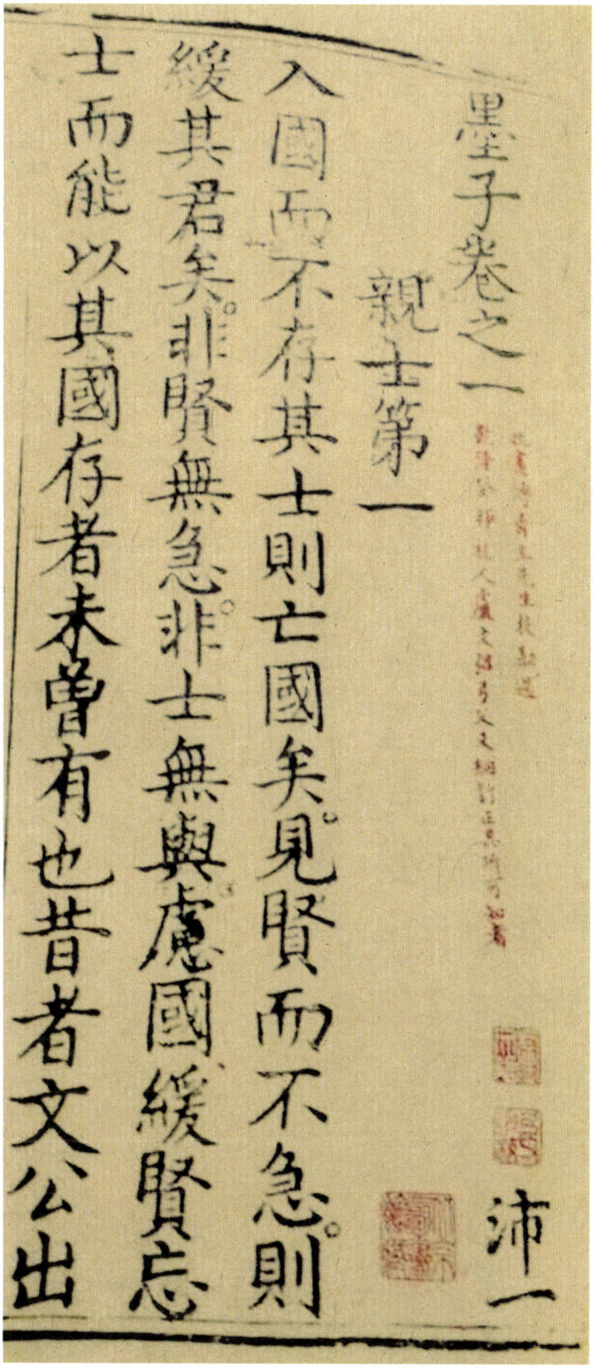

墨子卷之一

親士第一

入國而不存其士則亡國矣。見賢而不急則
緩其君矣。非賢無急。非士無與慮國。緩賢忘
士而能以其國存者未曾有也昔者文公出

沛一

傅山墨子校注手稿（國家圖書館藏）

經上第四十

故所得而後成也止以久也體分於兼也必不已也知材也平同高也慮求也同長以缶相盡也知接也中同長也恕明也厚有所大也仁體愛也日中缶南也義利也直參也禮敬也圜一中同長也行爲也方柱隅四讙也實榮也倍爲二也忠以爲利而強低也端體之無序而最前者也孝利親也有間中也信言合於意也間不及旁也佴自作也纑間

庫無備兵雖有義不能征無義
不可以自守心無備慮不可以
忘無忘之心不能輕出夫桀無
無忘之心者猛義不毅而不失ノ古文者以暴不暴而猛
放紂無待武王之備故殺桀紂
有天下然而皆滅亡於百里之

猶云因……
墨子之門者謂子墨子曰先生以鬼神為明
知能為禍人哉有游於子墨子之門者身體
強良思慮徇通欲使隨而學子墨子曰姑學
乎吾將仕子勸於善言而學其年而責仕於
子墨子子墨子曰不仕子子亦聞夫魯語乎魯有
昆弟五人者亓父死亓長子嗜酒而不葬亓
四弟曰子無我葬當為子沽酒勸於善言而

猶子文為善者福之

朞

為

亦旁亞
其字古
其作亓

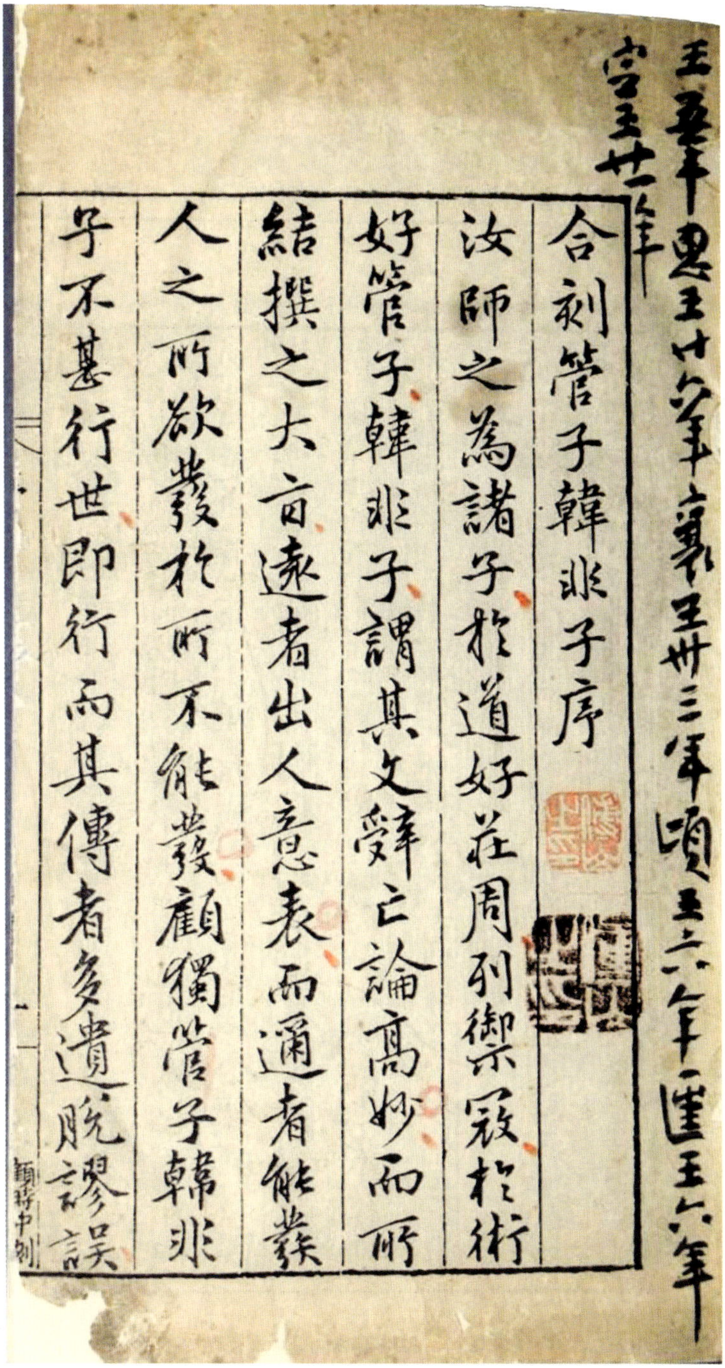
王五年惠王廿五年襄王卅三年頃王六年匡王六年
定王廿一年

合刻管子韓非子序

汝師之為諸子於道好莊周列禦寇於術好管子韓非子謂其文辭亡論高妙而所結撰之大而遠者出人意表而邇者能發人之所欲發於所不能發顧獨管子韓非子不甚行世即行而其傳者多遺脫謬誤

傅山管子批注手稿（山西博物院藏）

大其德一味后德以後心將除民之于斯也操仁如此看又与其王失德而後仁反其大然鑑識安危之而可合通只於本文大義上理會

不務地利而輕賦斂不可與都邑此四務者安危之本也故曰卿相不得衆國之危也大臣不和同國之危也兵主不足畏國之危也民不懷其產國之危也故大德至仁則操國得衆見賢能讓則大臣和同罰不避親貴則威行於鄰敵好本事務地利重賦斂則民懷其產

右四固

君之所務者五一曰山澤不救於火草木不植成國之貧也二曰溝瀆不遂於隘鄣水不安其藏國

第五册　目録

卷六十二　管子批注（上）……九一

卷六十九　莊子翼批注（五）

卷五十九　墨子校注（上）〔一〕

墨子卷之一〔二〕

親士第一

「昔者文公出走而正天下，桓公去國而霸諸侯，越王勾踐遇吳王之醜，而尚攝中國之賢君。三子之能達名成功於天下也，皆於其國抑而大醜也。」硃筆旁圈「抑而大醜也」五字。

「君子進不敗其志，内究其情，雖雜庸民，終無怨心，彼有自信者也。」硃筆於「雖雜庸民」旁批：「上三君所遭。」硃筆旁圈「彼有自信者也」六字。

「是故偪臣傷君，謟下傷上，君必有弗弗之臣，上必有詻詻之下。分議者延延，而支苟者詻詻。」硃筆校改「謟」爲「諂」，並於「支苟」二字旁標「△」符。

「臣下其爵位而不言，近臣則暗，遠臣則唫，怨結於民心，諂諛在側，善議障塞，則國危矣。」硃筆校改「謟」爲「諂」。

〔一〕本篇據中國國家圖書館藏傅山校注手稿整理。底本墨子十五卷，明正統十年内府刻道藏萬曆二十六年印本，其後北京圖書館出版社於二〇〇二年出版墨子大全時收錄於第一册。由傅凱欣、傅華釋文整理。傅山全書初版本未收。

〔二〕「墨子卷之一」下有盧文昭硃筆題記：「此書傅青主先生校勘過。乾隆癸卯，杭人盧文昭弓父又細訂其所可知者。」

「今有五錐，此其銛，銛者必先挫。有五刀，此其錯，錯者必先靡。」硃筆於「今有五錐」旁批：「道家者言，與上文不接。」並於「銛」、「錯」字旁標「△」符。

「是故天地不昭昭，大水不潦潦，大火不燎燎，王德不堯堯者，乃千人之長也。」硃筆於「堯堯」二字旁標「△」符。

「是故谿陜者速涸，逝淺者速竭，墝埆者其地不育。三者淳澤，不出宫中，則不能流國矣。」硃筆於「三者淳澤」之「三」字上標「乀」符，旁批：「有缺。」另疑似盧氏硃筆於此「三」字旁批：「别作王。」

修身第二

「舉物而闇，無務傳聞」。硃筆校改「傳」爲「博」。

「故君子力事日彊，願欲日逾，設壯日盛。」硃筆於「設壯」二字旁標「△」符。並硃筆根批：「設壯。」

所染第三

「子墨子言見染絲者而歎，曰：『染於蒼則蒼，染於黄則黄，所入者變，其色亦變。五入必而已則爲五色矣』」。硃筆圈去「言」字。並硃筆圈去「必」字，旁批：「衍。」另疑似盧氏硃筆於「必」字旁批「一本作畢。」

「舜染於許山、伯陽。禹染於臯陶、伯益，湯染於伊尹、仲虺，武王染於太公、周公。此四王者所染當，故王天下。」硃筆於「山」字旁批：「由。」

「夏桀染於干辛、推哆。」硃筆根批：「干一作羊，推哆一作踵戎。」

「殷紂染於崇侯、惡來，厲王染於厲公長父、榮夷終。」硃筆根批：「厲公一作虢。」

「幽王染於傅公夷、蔡公穀，此四王者所染不當。」硃筆根批：「傅一作虢，夷一作鼓，穀一作敦。」

「晉文染於舅犯、高偃」，「吳闔閭染於伍員、文義。」硃筆根批：「高一作郄，文義一作父之儀。」

「范吉射染於長柳朔、王胜。」硃筆於「胜」旁標「△」符，並硃筆根批：「胜本作生。」

「中行寅染於籍秦、高彊。」硃筆根批：「籍上有黃字。」

「吳夫差染於王孫雒、太宰嚭。」硃筆根批：「雒一作雄。」

「知伯搖染於智國、張武。」硃筆於改「搖」字爲「瑤」字。

「中山尚染於魏義、偃長。」硃筆根批：「偃一作榎。」

「宋康染於唐鞅、佃不禮。」硃筆於「佃」字旁校批「田」，於「禮」字旁校批「禋」，並硃筆根批：「佃不禮一作田不禋。」

「凡君之所安者何也，以其行理也，行理性於然當。」硃筆於「性」字旁標「△」符，並硃筆根批：「性字由生字，一本原作生字。理。」

法儀第四

「天下之爲父母者衆，而仁者寡，若皆法其父母，此法不仁也。」硃筆於「仁者寡」旁批：「父母豈有不仁者，須讀至『法天』以下，始知其義。」

「人無幼長貴賤，皆天之臣也，此以莫不犓羊、豢犬豬，絜爲酒醴粢盛，以敬事天。」硃筆於「羊」字前標「乀」符。疑似盧氏硃筆於「羊」字前補一「牛」字。

「此不爲兼而有之、兼而食之邪？天苟兼而有食之。」硃筆於後一「食」字前標「乀」符。

七患第五

「故先民以時生財，固本而用財，則財足。」硃筆旁圈「先民以時生財固本」八字。

「心無備慮，不可以應卒。是若慶忌無去之心，不能輕出。」硃筆旁圈全句二十一字。並硃筆旁批：「『無去之心』句拙義不彀，而不失爲古文者，正以其不彀而拙。」

辭過第六

「宫墻之高，足以别男女之禮。」硃筆旁批：「宫墻高，别男女之禮，前人亦未言及。」

「爲宫室若此，故左右皆法象之。」硃筆旁圈「左右皆法象之」六字。

「古之民未知爲衣服時，衣皮帶茭，冬則不輕而溫，夏則不輕而清。聖王以爲不中人之情，故作誨夫人治役修其城郭，則民勞而不傷。以其常正，收其租稅，民則費而不病。民所苦者非此也，苦於厚作斂於百姓。」硃筆括出「役修」至「百姓」四十字，並於「役修」云云旁批：「自『役修』至『百姓』不合在此，錯簡也。」另疑似盧氏硃筆眉批：「當移在前。役字上尚有脱字。」

「絲麻、梱布絹，以爲民衣。」硃筆校改「梱」爲「捆」。

「爲衣服之法，冬則練帛之中，足以爲輕且清。」硃筆於「中」字下標「乀」符，以示有脱字。

「女工作文採，男工作刻鏤，以身服。」硃筆於「以身」之間加「乀」符字，旁增一「爲」字。

「冬則凍冰，夏則飾饐。人君爲飲食如此，故左右象之。」硃筆旁圈「故左右象之」五字。
「故法令不急而行，民不勞而止足用，故民歸之。」硃筆校改「止」爲「上」字。
「人君爲舟車若此，故左右象之。」硃筆旁圈「故左右象之」五字。
「凡回於天地之間，包於海之内」云云。硃筆於「回」字旁標「△」符。

三辯第七

「子墨子曰：『昔者堯舜有第期者，且以爲禮，且以爲樂。湯放桀於大水，環天下自立以爲王，事成功立，無大後患，自作樂命名九招。』」硃筆於「第期」二字旁標「△」符。又硃筆於「九招」二字旁批：「同舜樂名。」

「子墨子曰：『聖王之命也，多寡之。食之利也，以知饑而食之者智也，因爲無知矣。』」硃筆旁圈「多寡之。食之利也，以知饑而食之者智也，因爲無知矣」二十一字。並旁批：「古文不必即解得而義圓。」

墨子卷之二

尚賢上第八

「故古者堯舉舜於服澤之陽，授之政，天下平。」硃筆於「服澤」二字旁標「△」符。
「禹舉益於陰方之中，授之政，九州成。」硃筆於「陰方」二字旁標「△」符。

「湯舉伊尹於庖廚之中，授之政，其謀得。」硃筆於「庖廚」二字旁標「△」符。

「文王舉閎夭、泰顛於罝罔之中，授之政，西土服。」硃筆於「罝罔」二字旁標「△」符。

尚賢中第九

「子墨子言曰：『今王公大人之君人民、主社稷、治國家，欲修保而勿失，故不察尚賢爲政之本也。』」硃筆於「故」字旁標「×」符，旁批：「下作『胡』字是。」

「詩曰：『告女憂卹，誨女予瓣。孰能執熱，鮮不用濯。』」硃筆於「予瓣」二字旁批：「序爵。」

「古者聖王唯毋得賢人而使之，般爵以貴之，裂地以封之，終身不厭。」硃筆改「般」字爲「般」字。

「故雖昔者三代暴王桀紂幽厲之所以失措其國家，傾覆其社稷者，已此故也。」硃筆改「雖」字爲「唯」字。

「親戚則使之，無故富貴、面目佼好則使之。」硃筆旁圈「無故富貴、面目佼好則使之」十一字。

「此聖王之道，先王之書歫年之言也」云云。硃筆於「歫」字旁標「△」符，並根批：「歫。」

「古者舜耕歷山，陶河瀕，漁雷澤，堯得之服澤之陽，舉以爲天子，與接天下之政，治天下之民。」硃筆於「服澤」二字旁標「△」符。

「然則親而不善以得其罰者，誰也？曰：若昔者伯鯀，帝之元子，廢帝之德庸，既乃刑之于羽之郊，乃熱照無有及也，帝亦不愛。」硃筆於「熱照」二字旁標「△」符。

「今大人欲王天下、正諸侯，將欲使意得乎天下，名成乎後世，故不察尚賢政之本也？」硃筆改「故」字爲「胡」字。

尚賢下第十

「然昔吾所以貴堯舜禹湯文武之道者，何故以哉？以其唯毋臨衆發政而治民，使天下之爲善者可而勸也，爲暴者可而沮也。」硃筆於「可而」二字旁標「△」符，並根批「可而。」

「當王公大人之於此也，唯有骨肉之親，無故富貴，面目美好者，實知其不能也，不使之也。」硃筆旁圈「無故富貴，面目美好者」九字。

「逮至其國家則不然，王公大人骨肉之親，無故富貴、面目美好者，則舉之。」硃筆旁圈「則舉之」三字。

「是故昔舜耕於歷山，陶於河瀕，漁於雷澤，灰於常陽，堯得之服澤之陽」云云。硃筆於「灰」、「常陽」、「服澤」諸字旁標「△」符。

「唯法其言，用其謀，行其道，上可而利天，中可而利鬼，下可而利人，是故推而上之。」硃筆於三個「可而」兩字旁標「△」符，並硃筆根批：「可而。」

「於先王之書豎年之言然，曰：晞夫聖武知人，以屏輔而身」云云。硃筆於「豎」字旁標「△」符，並硃筆根批：「豎。」又硃筆於「晞」字旁標「△」符，改「晞」字爲「睎」字。

「若飢則得食，寒則得衣，亂則得治，此安生生。」硃筆於「生生」兩字旁標「△」符，並硃筆根批：「生生。」

「今王公大人骨肉之親，無故富貴，面目美好者，焉故必知哉。」硃筆於「焉故」二字旁標

「△」符。

「是以使百姓皆攸心解體，沮以爲善，垂其股肱之力，而不相勞來也，腐臭餘財，而不相分資也，隱慝良道，而不相教誨也。若此，則飢者不推而上之。」硃筆於「攸心」二字旁標「△」符，並硃筆根批「攸」。又硃筆改「慝」字爲「匿」字。硃筆於「推」字前標「╲」符。以示疑有脫字。

墨子卷之三

尚同上第十一

「子墨子言曰：古者民始生，未有形政之時，蓋其語，人異義。」硃筆全圈「言」字。另疑似盧氏硃筆於「形」字旁批：「刑同。」

「夫明虖天下之所以亂著，生於無政長。」疑似盧氏硃筆於「政」字旁批：「正。」

「天子三公旣以立，以天下爲博大」云云。疑似盧氏硃筆於第一個「以」字旁批：「已。」

「正長旣已具，天子發政於天下之百姓，言曰：聞善而不善，皆以告其上。」硃筆於「而」字旁標「△」符，並硃筆根批：「此『而』字由『若』字、『與』字。」下文二「聞善而不善」句，「而」字旁皆硃筆旁標「△」符。

「天下之百姓皆上同於天，一而不上同於天，則菑猶未去也。」疑似盧氏硃筆改「一」字爲「百姓。」

「是故子墨子言曰：古者聖王爲五刑，請以治其民。」硃筆於「請」字旁標「△」符。又硃筆根批：「請。」

尚同中第十二

「天子既已立矣，以爲唯其耳目之請，不能獨一同天下之義」云云。硃筆於「請」字旁標「△」符，並硃筆根批：「請。」

「國君既已立矣，又以爲唯其耳目之請，不能一同其國之義」云云。硃筆於「請」字旁標「△」符，並硃筆根批：「請。」

「其爲政若此，是以謀事舉事成，入守固。」硃筆於「舉」字旁標「＼」符，增補「得」字，並硃筆根批：「以後攷之，當云『謀事得』。」

「子墨子曰：方今之時之以正長，則本與古者異矣。」硃筆於「之以正長」句旁批：「句似多衍字，而實不多。」

「是以先王之書。以刑之道曰：『苗民否用練折則刑，唯作五殺之刑，曰法。』」硃筆於「練折」兩字旁標「△」符，並硃筆根批：「練折，呂刑曰：『苗民弗用靈，制以刑，作五虐之刑，曰法。』『靈』作『練』，『制』作『折』。『靈』本諧音也。」

「是以先王之書術令之道曰：『惟口出好興戎。』」硃筆於「術令」兩字旁標「△」符。

「是以先王之書相年之道曰：『夫建國設都，乃作后王君公，否用泰也，輕大夫師長，否用佚也，維辯使治天均。』」硃筆於「相年」二字與『輕』字旁標「△」符，並硃筆根批：「相年。『輕』字疑譌。」又硃筆旁圈「維辯使治天均」六字。

「今王公大人之爲刑政，則文此。」硃筆於「文」字旁標「△」符。

「何以知其然也，曰：上唯毋立而爲政乎國家」云云。硃筆於「毋」子旁標「△」符，並硃筆根批：「『毋』字，篇中往往用之，語義□曰『豈不』云云。」

「故古者聖王唯而以尚同以爲正長，是故上下情請爲通。」硃筆於「情請」二字旁皆標「△」符，並硃筆根批：「情請。」

「是以舉天下之人，皆恐懼振動愓慄，不敢爲淫暴，曰『天下之視聽也神』。」疑似盧氏硃筆改後一「下」字爲「子」字。

「是以先王之書周頌之道之曰：『載來見彼王，□求厥章』。」硃筆於「□」空格處補「曰」字，並硃筆根批：「周頌載見曰：『載見辟王，曰求厥章。』」又疑似盧氏改「曰」字爲「聿」字。

「當此之時，本無有敢紛天子之教者。」硃筆於「紛」字旁標「△」符。

「是故子墨子曰：今天下之王公大人士君子，請將欲富其國家」云云。硃筆於「請」字旁標「△」符，並硃筆根批：「請。」

尚同下第十三

「上之爲政，得下之情，則是明民於善非也。」硃筆改「民於」爲「於民」，並於「善」字前增補一「之」字。

「故賞不得下之情，而不可不察者也。」硃筆於「賞」字下標「㇏」符，增補一「罰」字。

「何以知尚同一義之可而爲政於天下也？」硃筆於「而」字旁標「△」符，並硃筆根批：「『而』字卽『以』字。」另盧氏硃筆旁批：「文弨案：『而』與『能』通。」

「古者天下之始生民，未有正長也，百姓爲人。若苟百姓爲人，是一人一義，十人十義」云云。硃筆於前「百姓爲人」句旁批：「百姓各各爲人。」

「是以厚者有鬭，而蕩者有爭。」疑似盧氏硃筆改「蕩」字爲「薄」字。

「若苟義不同者有黨，上以若人爲善，將毀之。」硃筆圈去「毀」字，並旁批作「賞」字。

「是以善言之，家君得善人而賞之。」硃筆於「家」字旁標「乀」符，並以硃筆補「不善言之」四字。

「故又使家君總其家之，以尚同於國君」云云。硃筆於「以」字旁標「乀」符，並以硃筆補一「義」字。

「天下之爲國，數也甚多，此皆是國而非人之國。」疑似盧氏硃筆於「是國」二字間標「乀」符，並補一「其」字。

「若見愛利天下者必以告，若見惡賊天下者亦以告。」疑似盧氏硃筆於後「以」字前補一「必」字。

「然計天下之所以治者，何也？唯而以尚同一義爲政故也。」硃筆於「而」字旁標「△」符。

「故當尚同之爲說也，尚同之天子可以治天下矣。」疑似盧氏於後一「尚同」二字旁批：「上用。」

「聖王皆以尚同爲政，故天下治。何以知其然也？於先生之書大誓之言然，曰『小人見姦巧乃聞，不言也，發罪鈞。』」硃筆根批：「大誓。今大誓無此言。」

「故與人謀事，先人得之；與人舉事，先人成之；先之譽令問，先人發之。」硃筆於「先之」二字旁標「×」符，並硃筆旁批：「二字譌。」另疑似盧氏墨筆根批：「『先』疑『光』，『之』字衍。」

「一目視也，不若二目之視也。」疑似盧氏於「目視」二字間加一「之」字。

「一手之操也，不若二手彊也。」疑似盧氏於「手彊」二字間加一「之」字。

「千里之内，有暴人焉，其鄉里未之均見也。」疑似盧氏硃筆於「均」字下增補一「聞」字。

「是故子墨子曰：凡使民尚同者，愛民不疾，民無可使曰必疾」云云。硃筆根批：「『不疾』可句，『不疾民』亦可句。」於「無可」云云旁硃筆批：「句義似釋上文『疾』字，而句字有顛倒者。『無可使曰必疾』如使非其時，使之不以道，皆不可强使者，而必使之曰疾，此之謂疾也。」

「愛而使之，致信而持之，富貴以道其前，明罰以率其後。爲政若此，唯欲毋與我同，將不可得也。」硃筆於「唯」字旁標「△」符，並硃筆旁批：「意皆『雖』。」

「將欲爲仁義，求爲士，上欲中聖之道，下欲中國家百姓之利，故當上同之說。」硃筆於「聖」字下增補一「人」字。又硃筆於「上同」之「上」字旁批：「尚。」

墨子卷之四

兼愛上第十四

「臣子之不孝君父，所謂亂也。」疑似盧氏墨筆改「孝」字爲「愛」字。

「賊愛其身，不愛人，故賊人以利其身。此何也？皆遂不相愛。」硃筆於「遂」字旁批：「『起』字之訛。」

「若使天下兼相愛，人若愛其身，惡施不孝？」硃筆於「惡施不孝」旁批：「疑有錯。」
「惡施不慈不孝，亡猶有盜賊乎？」疑似盧氏墨筆於「不孝」二字上加「不慈」二字。
「故視人之室若其室，誰竊？視人身若其身，誰賊？故盜賊有亡。」硃筆將「有亡」顛倒爲「亡有」。又硃筆根批：「『有亡』猶『亡有』。」

兼愛中第十五

「凡天下禍篡怨恨，其所以起者，以不相愛生也，是以仁者非也」云云，「凡天下禍篡怨恨可使毋起者，以仁者譽之。」硃筆於「仁者譽之」旁批：「對前『仁者非之』。」
「子墨子言曰：『然，乃若兼則善矣。雖然，天下之難物于故也。』子墨子言曰：『天下之士君子，特不識其利、辯其故也。』」硃筆於「難物于故」四字旁皆標「△」符，並硃筆根批：「『難物于故』卽下文『不識其利、辨其故』之義。『物』猶物色計度于事之故。」
「今若夫政城野戰，殺身爲名，此天下百姓之所皆難也。」硃筆改「政」字爲「攻」字。
「昔者楚靈王好士細腰。故靈王之臣，皆以一飯爲節，肱息然後帶，扶牆然後起。」硃筆於「肱息」二字旁標「△」符，並硃筆根批：「肱息」。
「越王親自鼓其士而進之曰，士聞鼓音，破碎亂行，蹈火而死者，左右百人有餘。」硃筆圈去「曰」字，並硃筆根批：「曰字多。」
「東方漏之陸，防蓋諸之澤，灑爲九澮。」疑似盧氏硃筆改「蓋」字爲「孟」字。
「天屑臨文王慈，是以老而無子者，有所得終其壽；連獨無兄弟者，有所雜於生人之間；少失其父母者，有所放依而長。」硃筆於「屑」字旁標「△」符，並硃筆根批：「屑臨」。硃筆於「連」

字旁標「△」符，並硃筆根批：「連獨。」

兼愛下第十六

「然當今之時，天下之害孰爲大？曰：若大國之攻小國也，大家之亂小家也，强之劫弱，衆之暴寡，詐之謀愚，貴之敖賤，此天下之害也。人與爲人君者之不惠也。」硃筆於前「人」字旁標「×」符，並於其旁校改爲「又」。又硃筆根批：「人字訛。」下文「人與今人之賤人」首「人」字亦校改作「又。」

「分名乎天下惡人而賊人者，兼與？别與？卽必别也。」硃筆於「分名」二字旁標「△」符，並硃筆根批：「分名。」另硃筆旁圈「兼與」「别與」「必别也」七字。

「子墨子曰：非人者，必有以易之。若非人而無以易之，譬之猶以水救火也，其説將必無可焉。」硃筆於「水」字旁注「火」字，並硃筆根批：「咸是『以水救水』、『以火救火』。」

「是故子墨子曰：兼以易别，然卽兼之可以易别之故何也？」硃筆旁圈「兼以易别」四字。

「分名乎天下愛人而利人者」云云。硃筆於「分名」二字旁標「△」符，並硃筆根批：「分名。」

「天下愛人而利人者，别與？兼與？」硃筆旁圈「别與兼與」四字。

「是故子墨子曰，别非而兼是者，出乎若方也。」硃筆於「出乎若方」四字旁標「△」符，並硃筆根批「出乎若方。」

「是以聰耳明目相爲視聽乎，是以股肱畢强相爲動爲宰乎，而有道肆相教誨。」硃筆於「肆」字旁標「△」符，並硃筆根批：「肆。」

「誰以爲二士，使其一士者執別，使其一士者執兼。」硃筆於「誰以爲」三字旁標「△」符，並硃筆根批：「誰以爲二士。」

「爲其友之親若爲其親，然後可以爲高士天下。」硃筆於「士天」之間增一「于」字。

「又有君大夫之遠使於巴、越、齊、荆，往來及否未及否，未可識也。然卽敢問，不識將惡也？」硃筆於「惡也」二字旁標「△」符。另疑似盧氏墨筆改「也」字爲「託」字。

「天下無愚夫愚婦，雖非兼之人，必寄託之於兼之有是也。此言而非兼，擇卽取兼，卽此言兼費也。」硃筆旁圈「雖非兼之人，必寄託之於兼之」十二字。又硃筆於「費」字旁標「△」符，並硃筆根批：「『費』或猶『大』義。」

「然而天下之士非兼者之言，猶未止也，曰：『意可以擇士，而不可以擇君子？』姑嘗兩而進之，誰以爲二君，使其一君者執兼，使其一君者執別。」硃筆於「誰以爲」三字旁標「△」符，並硃筆根批：「誰以爲二君。」

「兼君之言不然，行亦不然，曰：吾聞爲明君於天下者，必萬萬民之身，後爲其身。」硃筆於前一「萬」字上加一「先」字。

「天下無愚夫愚婦，雖非兼君，必從兼君是也。言而非兼，擇卽此言行拂也。」硃筆於「此」字上標「乀」符，旁增「取兼」二字。

「然而天下之士非兼者之言也，獨未止也。」疑似盧氏改「獨」字爲「猶」字。

「子墨子曰：吾非與之並世同時，親聞其聲，見其色也。以其所書於竹帛，鏤於金石，琢於槃盂，傳遺後世子孫者知之。泰誓曰：『文王若日若月乍照，光于四方，于西土。』」硃筆於「于西土」上標「乀」符，以示有脫文。硃筆根批：「泰誓作『唯我文考，若日月之炤臨，光于四方，顯于西土』。」

「且不唯泰誓爲然，雖禹誓卽亦猶是也。禹曰：『濟濟有衆，咸聽朕言，非惟小子。敢行稱亂，蠢兹有苗，用天之罰，若予旣率爾羣對諸羣以征有苗。』」硃筆於「對諸羣」云云旁批「有複文。」硃筆根批：「大禹謨：『禹乃會羣后，誓于師，曰：濟濟有衆，咸聽朕命：蠢兹有苗，昏迷不恭，侮慢自賢，反道敗德，君子在野，小人在位，民棄不保，天降之咎，肆予以尔衆士，奉辭伐罪，尔尚一乃心力，其克有勳。』」又疑似盧氏於二「羣」字旁批：「碎。碎。」

「且不唯誓命與湯說爲然，周詩卽亦猶是也。周詩曰：『王道蕩蕩，不偏不黨。王道平平，不黨不偏。』」硃筆於「王道蕩蕩」旁批：「書。」

「意以天下之孝子爲遇，而不足以爲正乎？」硃筆於「遇」一字旁批：「『遇』字或是『偶』之訛。」

「意以爲難而不可爲邪？嘗有難此而可爲者。昔荆靈王好小腰，當靈王之身，荆國之士飯不踰乎一，固據而後興，扶垣而後行。故約食爲其難爲也，然後爲而靈王說之，未踰於世而民可移也，卽求以鄉其上也。」硃筆於「後爲」二字旁標「△」符，並硃筆旁批：「三『然後爲』義恰是爭而爲之之義，『然後』但作語詞。」此下「然後爲之越王說之」、「然後爲而文公說之」，皆於「後爲」二字旁標「△」符。又疑似盧氏墨筆改「越王」上的「之」字爲「而」字。

「越國之士可謂顫矣」云云。硃筆於「顫」字旁標「△」符。

「未踰世而民可移也，卽求以鄉上也。」疑似盧氏墨筆於「上」字加一「其」字。

「昔者晉文公好苴服」云云。硃筆於「苴」字旁標「△」符。

墨子卷之五

非攻上第十七

「至殺不辜人也，杝其衣裘、取戈劍者，其不義又甚入人欄廄、取人馬牛。」硃筆於「杝」字旁標「△」符，並硃筆根批：「杝」。

「今小爲非，則知而非之。大爲非攻國，則不知而非，從而譽謂之之義。」硃筆校改「謂之」二字爲「之謂」。

非攻中第十八

「子墨子言曰：古者王公大人爲政於國家者，情欲譽之審，賞罰之當，刑政之不過失。」硃筆於「譽」字前標「乀」符，並硃筆根批：「譽毁，缺一字。」

「今師徒唯毋興起」云云。「今唯毋廢一時」云云。硃筆於二「唯毋」旁標「△」符，並硃筆根批：「唯毋。唯毋。」

「今嘗計軍上，竹箭、羽旄、幄幕、甲、盾、撥，劫住而靡幣腑冷不及者，不可勝數。」硃筆於「劫住」二字旁標「△」符，並硃筆根批：「劫住。」於「腑冷」二字旁標「△」符，並硃筆根批：「『腑』即『腐』。『冷』或即『泠』字乎？聲猶零落也。」

「又與予、戟、戈、劍、乘車，其列住碎折靡弊而不及者，不可勝數。」硃筆於「住」字旁標

「△」符，並硃筆根批：「列住。」另疑似盧氏硃筆於「不及」的「及」字旁注「反」字。

「雖北者且一不著何，其所以亡於燕代胡貊之間者，亦以攻戰也。」硃筆於「且」字上標「﹂」符，並硃筆旁批：「有錯文。」

「昔者晉有六將軍，而智伯莫爲强焉。計其土地之博，人徒之衆，欲以抗諸侯以爲英名。攻戰之速，故差論其分牙之士，皆列舟車之衆，以攻中行氏而有之。」硃律於「分牙」之「分」字旁標「△」符，並硃筆旁批：「或卽『爪』字譌。」

非攻下第十九

「今天下之所同養者，聖王之法也。」疑似盧氏硃筆於「養」字旁注：「義。」

「今天下之諸侯將猶多皆免攻伐幷兼」云云。硃筆於「將猶多」旁批曰：「字或譌，或謂用其謀猷耶？」又硃筆根批：「後節葬篇亦有『將猶多皆疑惑厚葬久喪』云云。」又硃筆於「免」字旁批曰：「『免』似『勉』。」

「是故古之仁人有天下者，必反大國之説，一天下之和，總四海之内，焉率天下之百姓，以農臣事上帝山川鬼神。」硃筆旁圈「以農臣事上帝山川鬼神」十字。

「是以天賞之，愚富之，人譽之。」疑似盧氏硃筆於「愚」字旁批：「鬼。」

「將必皆差論其分牙之士，皆列其舟車之卒伍。」硃筆於「分牙」二字旁標「△」符，並硃筆根批：「分牙，爪牙。」

「卒進而柱乎鬭」云云。硃筆根批：「『柱』猶『主』。」

「以譂其衆。」硃筆於「譂」字旁標「△」符，並硃筆根批：「譂。」

「夫無兼國覆軍，賊虐萬民，以亂聖人之緒，意將以爲利天乎？」硃筆於「夫無」二字旁標「△」符，並硃筆根批：「『夫無』語義：『夫豈得無以此爲利天乎？』」

「夫取天之人，以攻天之邑，此刺殺天民」云云。硃筆旁圈「取天之人以攻天之邑」九字。

「夫殺之神，滅鬼神之主，廢滅先王。」硃筆旁圈前一「神」字，並硃筆旁批：「似衍一『神』字，然下文『殺之人』句是文法，文本如此，似當亦是『人』字。」

「夫殺之人爲利人也，博矣。」硃筆於「利」字旁標「×」符，並硃筆旁批：「利字訛，當不利人也。」

「害之不久，爭之不疾，孫之不強。」硃筆於「孫」字旁標「△」符，並硃筆根批：「孫，猶退遜。」

「若使中興師，君子庶人也必且數千，徒倍十萬，然後足以師而動矣。」硃筆於「庶人」二字旁批：「此處『庶人』似與『徒』異。」

「然而又與其車馬之罷幣也，幔幕幃蓋，三軍之用，甲兵之備，五分而得其一，則猶爲序疏矣。」硃筆於「序疏」二字旁標「△」符，並硃筆根批：「序疏。」

「然而又與其散亡道路，道路遼遠，糧食不繼，傺食飲之時」云云。硃筆於「傺」字旁標「△」符，並硃筆根批：「『傺』惟『侘傺』重押用之，失志貌。單用『傺』字，似亦謂失其食飲之時耶？」

「子墨子曰：子未察吾言之類，未明其故者也，彼非所謂攻，謂誅也。」硃筆旁圈「彼非所謂攻謂誅也」八字。

「昔者有三苗大亂，天命殛之，日妖宵出，雨血三朝，龍生廟，大哭乎市。」硃筆於「宵」字旁標「△」符，並硃筆根批：「『窨』本『闇』字，通作省，府闇也。」硃筆改「大哭」之「大」字作「犬」，並硃筆根批：「『大』字當是『犬』字。」

「禹親把天之瑞令，以征有苗。四電誘祇，有神人面鳥身，若瑾以侍，搤矢有苗之祥。」硃筆於「四電誘祇」四字旁標「△」符，並硃筆根批：「四電誘祇。」另硃筆旁圈「人面鳥身」四字，於「瑾」字旁標「△」符，並硃筆根批「搤矢。」

「禹既已克有三苗焉，磨爲山川，别物上下，卿制大極，而神民不違。」硃筆於「卿制大極」四字旁標「△」符，並硃筆根批：「卿制大極。」

「還至乎夏至桀，天有誥命，日月不時，寒暑雜至，五穀焦死，鬼呼國，鶴鳴十夕餘。乃命湯於鑣宫」云云。硃筆於「誥」字旁標「△」符，並硃筆根批：「誥，字書無。」又硃筆於「餘」字旁批：「有脱錯。」另於「鑣」字旁標「△」符，並硃筆根批：「鑣宫。」另疑似盧氏於「夏至桀」之「至」字旁批：「玉。」

「湯焉敢奉率其衆」云云。硃筆於「焉」字旁標「△」符，又硃筆旁標「×」符。

「帝乃使陰暴毁有夏之城。」硃筆於「陰暴」二字旁標「△」符。

「予既受命於天，天命融隆火于夏之城間西北之隅。」硃筆於「融隆」二字旁標「△」符。

「還至乎商王紂，天不序其德，祀用失時，兼夜中，十日雨王于薄，九鼎遷止，婦妖宵出，有鬼宵吟，有女爲男。」硃筆改「王」字爲「土」字。並硃筆旁圈「吟」字和「男」字。

「泰顛來賓，河出緣圖，地出乘黄。」硃筆改「緣」字爲「緑」字，並硃筆旁批：「緑。」

「昔者楚熊麗始討此睢山之間，越王緊虧出自有遽，始邦於越，唐叔與吕尚邦齊、晉。」硃筆改「緊」字爲「緊」字，並硃筆根批：「熊麗。緊虧。」

「夫天下處攻伐久矣，譬若傅子之爲馬然。」硃筆於「傅子之爲馬然」六字旁標「△」符，並硃筆根批：「傅子爲馬。」

「量我師舉之費，以諍諸侯之斃，則必可行而序利焉。」硃筆於「序」旁標「△」符，並硃筆根批：「序。」

「此天下之利，而王公大人不知而用，則此可謂不知利天下之臣務矣。」疑似盧氏硃筆改「臣」字爲「巨」字。

「故當若非攻之爲說，而將不可察者此也。」疑似盧氏硃筆於「察」字前增補「不」字。

墨子卷之六

節用上第二十

「聖王爲政，其發令興事、使民用財也，無不加用而爲者。」硃筆於「加」字旁標「△」符，並硃筆根批：「加。」

「凡爲衣裳之道，冬加溫、夏加清者，芊䱉不加者去之。」硃筆於「芊䱉」二字旁標「△」符，並硃筆根批：「芊䱉，卽土苴。」

「其爲宮室何以爲？冬以圉風寒，夏以圉暑雨，有盜賊加固者，芊䱉不加者去之。」硃筆於「芊䱉」二字旁標「△」符。

「有甲盾五兵者勝，無有不勝。」疑似盧氏硃筆改「有」字爲「者」字。

「凡爲甲盾五兵，加輕以利堅而難折者，芊鉏不加者去之。」硃筆於「芊鉏」二字旁標「△」符。

「凡爲舟車之道，加輕以利者，芊鉏不加者去之。」硃筆於「芊鉏」二字旁標「△」符。

「凡其爲此物也，無加用而爲者，是故用財不費，民德不勞，其興利多。」硃筆於「加」字旁標「△」符，並硃筆根批：「前『加』上有『不』字」。

「昔者聖王爲法曰：『丈夫年二十，不敢毋處家。女子年十五，毋敢不事人。』」硃筆改「不敢毋處家」作「毋敢不處家」。

節用中第二十一

「是以終身不饜，殁二十而不卷。」硃筆刪「二十」二字並旁批：「世。」又硃筆於「卷」字旁批：「倦同。」

「是故古者聖王制爲節用之法，曰：『凡天下羣百工，輪、車、鞼、匏、陶、冶、梓、匠，使各從事其所能。』」硃筆於「鞼」字旁標「△」符，並硃筆根批：「鞼，古回，居位二切，繡革也。」

「古者堯治天下，南撫交阯，北降幽都，東西至日所出入，莫不賓服，建至其厚愛。」硃筆改「建」字作「逮」字。

「古者聖王爲大川廣谷之不可濟，於是利爲舟楫，足以將之則止。雖止者三公諸侯至，舟楫不易，津人不飾，此舟之利也。」硃筆於後「止」字旁標「×」符，並硃筆旁批：「『止』訛。」

「聖王慮之以爲掘穴曰：冬可以辟風寒。」疑似盧氏硃筆於「冬可」二字間標「＼」符，並增補「日不」二字。

「建夏，下潤濕，上重烝，恐傷民之氣，於是作爲宮室而利。」硃筆改「建」字爲「逮」字。

節葬下第二十五

「當其於此，亦有力不足，財不贍，智不智，然後已矣。」疑似盧氏墨筆於後「智」字旁批「知。」

「雖仁者之天下度，亦猶此也。」硃筆於「天」字上標「＼」符，旁增一「爲」字。

「當其於此也，亦有力不足，財不贍，智不智，然後已矣。」硃筆改第二個「智」字爲「知」字。其後同句所改亦相同。

「天下貧則從事乎富之，人民寡則從事乎衆之，衆而亂則從事乎治之」，「若三務者，此仁者之爲天下度，既若此矣。」硃筆根批：「『三務』卽上文貧富、衆寡、亂治。」

「此仁也，義也，孝子之事。」疑似盧氏硃筆於「事」字下加一「也」字。

「爲人謀者不可不勸也。仁者將興之天下，誰賈而使民譽之，終勿廢也。意亦使法其言，用其謀，厚葬久喪，實不可以富，貧衆寡，定危理亂乎？此非仁非義，非孝子之事也，爲人謀者，不可不沮也。」硃筆從「不可不勸」至「爲人謀者」用「」符標注，於「勸」字旁硃筆批：「沮。」

「又必多爲屋幕、鼎鼓、幾梴」云云。硃筆於「梴」字旁標「△」符，並硃筆根批：「『梴』字無義，當『杸』字之訛。」

「又相率强不食而爲飢，薄衣而爲寒，使面目陥陬」云云。硃筆改「陥」字爲「陷」字，於「陬」字旁標「△」符，並硃筆根批：「陬。」

「今惟無以厚葬久喪者爲政，君死喪之三年，父母死喪之三年，妻與後子死者，五皆喪之三年。」硃筆於「五」字旁標「×」符。

「若法若言，行若道，苟其飢約又若此矣。」硃筆於「飢約」二字旁標「△」符。

「是故求以衆人民，而既以不可矣。」疑似盧氏硃筆於「既以」之「以」字旁批「已。」

「爲人子者，求其親而不得，不孝子必是怨其親矣。疑似盧氏硃筆於「是」字旁批：「且。」

「是以僻淫邪之民，出則無衣也，入則無食也，内續奚吾，並爲淫暴，而不可勝禁也。」硃筆於「内續奚吾」四字旁標「△」符，並硃筆根批：「内續奚吾。」

「衆盜賊而寡治者，以此求治，譬猶使人三睘而毋負己也，治之説無可得焉。」硃筆於「睘」字旁標「△」符，並硃筆根批：「三睘。」

「是故凡大國之所以不攻小國者，積委多，城郭修，上下調和，是故大國不耆攻者。」硃筆於「耆」字旁標「△」符，並硃筆根批：「耆。」另疑似盧氏硃筆於「者」字旁批「之」字。

「今又禁止事上帝鬼神，爲政若此」，「則惟上帝鬼神降之罪、厲之禍，罰而棄之，則豈不亦乃其所哉！」硃筆於「乃其所」三字旁標「△」符。

「厚葬久喪雖使不可以富貴衆寡、定危治亂，然此聖王也以道也。」硃筆於「也以」二字旁標「×」符，並硃筆旁批：「訛。」

「昔者堯北教乎八狄，道死，葬蛩山之陰。衣衾三領，穀木之棺，葛以緘之，既泌而後哭，滿⿰土舀無封。」硃筆於「蛩山」二字旁標「△」符，校改「⿰土舀」字爲「埳」字。

「舜西教乎七戎，道死，葬南已之布。」硃筆於「南已」二字旁標「△」符。

「禹東教乎九夷，道死，葬會稽之山。衣衾三領，桐棺三寸，葛以緘之，絞之不合，道之不塯。」硃筆校改「塯」字爲「埳」字。
「若以此若三聖王者觀之，則厚葬久喪果非聖王之道。」硃筆圈去後一「若」字。
「今王公大人之爲葬埋，則異於此」云云，「曰必捶垛差通，壟雖凡山陵。」硃筆於「捶垛」二字旁標「△」符，並硃筆根批：「捶垛。」於「雖凡」二字旁標「×」符，並硃筆旁批：「詘。」
「是故子墨子曰：鄉者吾本言曰，意亦使其言，用其謀，計厚葬久喪，請可以富貧衆寡、定危治亂乎？」硃筆於「請」字旁標「△」符，並硃筆根批：「請。」
「今執厚葬久喪者言曰：厚葬久喪，果非聖王之道，夫胡說中國之君子爲而不已、操而不擇哉？」硃筆於「胡說」二字旁批「何言？」
「子墨子曰：此所謂便其習而義其俗者也。昔者越之東有輆沐之國者，其長生了生，則解而食之，謂之『宜弟』。」硃筆於「輆沐」二字旁標「△」符，並硃筆根批：「輆。」
「楚之南有炎人國者，其親戚死，朽其肉而棄之。」硃筆於「炎人」二字旁標「△」符。
「秦之西有儀秉之國者，其親戚死，聚柴薪而焚之。」硃筆於「儀秉」二字旁標「△」符。
「若以此若三國者觀之，則亦猶薄矣。」硃筆圈去後一「若」字。
「哭往哭來，反從事乎衣食之財，佴乎祭祀，以致孝於親。」硃筆於「佴」字旁標「△」符，並硃筆根批：「佴。」

卷六十　墨子校注（中）

墨子卷之七

天志上第二十六

「誰亦有處國得罪於國君而可爲也！」硃筆於「誰亦」二字間標「乙」符，意爲「亦誰有」。

「且語言有之曰：焉而晏曰，焉而得罪，將惡避逃之？」硃筆根批：「焉而。焉而。」

「然而天下之君子天也」云云。硃筆於後一「天」字上標「乀」符，並增補「之于」二字。

「我爲天之所欲，天亦爲我所欲。然則何欲何惡？我欲福祿而惡禍祟。」疑似盧氏硃筆於「然則」後增一「我」字。

「且夫義者，政也。無從下之政上，必從上之政下。是故庶人竭力從事，未得次已而爲政，有士政之。」硃筆於「次已」二字旁標「△」符，並硃筆根批：「次已。」此下「未得次已而爲政」凡四見，皆於「次已」二字旁以硃筆標「△」符。

「欲以天之爲政於天子明說天下之百姓，故莫不犓牛羊，豢犬彘，潔盛酒醴，以祭祀上帝鬼神。」硃筆於「盛」字旁標「乀」符，增補「爲粢」二字。

「故天子者，天下之窮貴也，天下之窮富也。」硃筆於兩「窮」字旁標「△」符。

「交相賊，必得罰。然則是誰順天意而得賞者？誰反天意而得罰者？」硃筆校改「是誰」二字爲「誰是」，校改「夫」字爲「天」字。

「四海之内，粒食之民。莫不犓牛羊，豢犬彘，潔爲粢盛酒醴，以祭祀於上帝鬼神。天有色，人何用弗愛也？」硃筆於「天有色」三字旁標「△」符，並硃筆根批：「天有色。」

「何故以人與人相殺而天子之不祥，此我所以知天之愛天下之百姓也。」硃筆於「天子」的「子」字旁批：「予。」

「言非此，行反此，猶倖馳也。」疑似盧氏於「倖」字旁批：「偝。」

天志中第二十七

「夫愚且賤者，不得爲政乎貴且知者，然後得爲政乎愚且賤者。」硃筆於「貴且知者」句旁批：「此處似少一句。」另疑似盧氏硃筆於「然後」句上補「貴且知者」四字。

「然吾未知天之祈福於天子也，此吾所以知天之貴且知於天子者。」硃筆旁圈「然吾未知天之祈福於天子也」十二字。

「又以先王之書馴天明不解之道也知之。曰：『明哲維大，臨君下出。』則此語天之貴且知於天子。」硃筆旁圈「大」、「臨」、「出」三字，並硃筆根批：「大。臨。『大』字或是『天』字。」

「是故子墨子曰：今天下之君子，中實將欲尊道利民，本察仁義之本，天之意不可不慎也。」硃筆旁圈「仁義之本」、「天之意」七字。

「若國家治用足，則内有以潔爲酒醴粢盛，以祭祀天鬼。」硃筆於「國家治」後增補一「財」字。

「故惟毋明乎順天之意。」硃筆於「惟毋」二字旁標「△」符，並硃筆根批：「惟毋。」

「是故子墨子曰：今天下之君子，中實將欲遵道利民，本察仁義之本，天之義不可慎也。」硃筆旁圈「仁義之本，天之義」七字。

「夫天之有天下也，將無已異此。」疑似盧氏硃筆校改「已」字爲「以」字。

「人不所不欲者，何也？曰：病疾祟也。」疑似盧氏硃筆於前一「不」字旁批：「之」。

「今天下之君子，中實將欲遵利民。」疑似盧氏墨筆於「利」字上補一「道」字。

「今夫天兼天下而愛之，撽遂萬物以利之。」硃筆於「撽」字旁標「△」符，並硃筆根批：「撽。」

「且吾所以知天之愛民之厚者有矣，曰：以磨爲日月星辰」云云。硃筆於「磨」字旁標「△」符，並硃筆根批：「『磨』或是『歷』之訛。」

「今有人於此，驩若愛其子，竭力單務以利之，其子長，而無報子求父，故天下之君子與謂之不仁不祥。」硃筆以「」符勾出「子求父」三字，並硃筆旁批：「似衍。」

「今夫天兼天下而愛之，撽遂萬物以利之。」墨筆根批：「撽，音擊。又古堯切。後有擊字，口弔切，傍擊也。本是一字耳。」

「若天不愛民之厚，天胡說人殺不辜而天予之不祥哉？」硃筆於「胡說」二字旁批：「何謂。」

「曰：愛人利人，順天之意，得天之賞者，有矣；憎人反天之意，得天之罰者，亦有矣。」疑似盧氏硃筆於「憎人」二字後，補「賊人」二字。

「帝謂文王，予懷明德，不大聲以色，不長夏以革，不識不知，順帝之則。」硃筆根批：「詩。」

「順天之意，得天之賞者，既可得留而已。」硃筆於「留」字旁作標「×」符。

「大明之道之曰：紂越厥夷居，不肯事上帝，棄厥先神祇不祀，乃曰：吾有命，無廖僔務。」

硃筆旁批：「泰誓曰：惟受罔有悛心，乃夷居，弗事上帝神祇，遺厥先宗廟弗祀。」於「廖僔」二字旁標「△」符，並硃筆根批：「廖僔。」又硃筆於「乃曰吾有命」旁批：「泰誓曰：乃曰吾有民有命，罔懲其悔。」

「是故子墨子之有天之辟人，無以異乎輪人之有規，匠人之有矩也。」疑似盧氏硃筆於「天之」的「之」字旁批：「志。」

「觀其行，順天之意，謂之善意行；反天之意，謂之不善意非。」硃筆圈去「非」字，並旁批：「衍。」

天志下第二十八

「然而正者，無自下正上者，必自上正下。是故庶人不得次已而爲正，有士正之。」硃筆於「次已」二字旁標「△」符，並硃筆根批：「次已。」此下五見「次已」二字，皆硃筆旁標「△」符。

「天子不得次己而爲政，有天正之。」硃筆旁圈「有天正之」四字。

「自古及今，無有遠靈孤夷之國，皆犓豢其牛羊犬彘，潔爲粢盛酒醴，以敬祭祀上帝山川鬼神，以此知兼而食之也。」硃筆於「遠靈」二字旁標「△」符，並硃筆根批：「遠靈。」

「今是楚王食於楚之四境之内，故愛楚之人，越王食於越之四境之内」十五字。云云。疑似盧氏墨筆於「故」字前加「故愛楚之人，越王食於越之四境之内」十五字。

「今天下之國，粒食之民，國殺一不祥，曰誰殺不辜？曰人也。孰予之不辜？曰天也。」硃筆改「祥」字爲「辜」字，改後一「辜」字爲「祥」字。

「名之曰聖人。以此其賞善之證。」疑似盧氏硃筆於「此」後增一「知」字。

「是故昔也三代之暴王桀紂幽厲之兼惡天下也，從天賊之，移其百姓之意焉，率以詬侮上帝山川鬼神。」硃筆改「天賊」之「天」字爲「而」字。

「是以天下之庶民屬而毀之，業萬世子孫繼嗣，毀之賁，不之廢也，名之曰失王。」硃筆於「賁」字旁標「△」符，並硃筆根批：「賁，不之廢也。」

「故子墨子置立天之，以爲儀法。」疑似盧氏於「之」字後增一「志」字。

「今知氏大國之君寬者然曰：『吾處大國而不攻小國，吾何以爲大哉！』是以差論蚤牙之士，比列其舟車之卒，以攻罰無罪之國。」硃筆於「氏」字旁標「△」符，於「蚤」字旁標「△」符。另疑似盧氏硃筆改「罰」字爲「伐」字。

「大夫以爲僕園胥靡，婦人以爲舂酋。」硃筆改「園」字爲「圉」字。又墨筆根批：「舂酋。」

「其鄰國之君亦不知此爲不仁義也，有具其皮幣，發其緫處，使人饗賀焉。」硃筆於「緫」字旁標「△」符，並硃筆根批：「緫。」

「不與其勞，獲其實，已非其有所取之故。而況有踰於人之墻垣，抯格人之子女者乎？與角人之府庫，竊人之金玉蚤絫者乎？」硃筆於「抯」字旁標「△」符，並硃筆根批：「抯。」於「蚤」字旁標「△」符，並硃筆根批：「蚤。」

「今王公大夫之爲政者，自殺一不辜人者」云云。疑似盧氏於「夫」字旁批：「人。」

「與踰人之欄牢，竊人牛馬、桃李、瓜薑者」。疑似盧氏墨筆於「人牛」二字間加一「之」字。

「故子墨子言曰：是賁我者，則豈有以異是賁黑白甘苦之辯者哉？」硃筆於「賁」字旁標「△」符，並硃筆根批：「賁。」

「今王公大人之政也，或殺人，其國家禁之，此蚤越有能多殺其鄰國之人，因以爲文義，此豈有異蕡白黑甘苦之別者哉？」」硃筆於「蚤越」二字旁標「△」符，並硃筆根批：「蚤越。」
「故子墨子置天之以爲儀法。」疑似盧氏硃筆於「天之」下加一「志」字。
「非獨子墨子以天之志爲法也，於先王之書，大夏之道之然：帝謂文王，予懷而明德，毋大聲以色，毋長夏以革，不識不知，順帝之則。」硃筆於大夏之「夏」字旁批：「雅。」

墨子卷之八

明鬼下第三十一

「子墨子曰：是與天下之所以察知有與無之道者，必以衆之耳目之實知有與亡爲儀者也。請惑聞之見之，則必以爲無。」硃筆於「請」字旁標「△」符，校改「惑」字爲「或」字。並硃筆根批「請。」

「子墨子曰：若以衆之所同見，與衆之所同聞，則若昔者杜伯是也。」硃筆根批：「杜伯。」

「其三年，周宣王合諸侯而用於圃，田車數百乘，從數千，人滿野。」疑似盧氏硃筆改「用」字爲「田」字。」

「日中，杜伯乘白馬素車，朱衣冠，執朱弓，挾朱矢，追周宣王，射入車上，中心折脊，殪車中，伏弢而死。」硃筆改「弢」字爲「弢」字。

「戒之慎之，凡殺不辜者，其得不祥，鬼神之誅，若此之憯遬。」疑似盧氏硃筆於「遬」字下補一「也」字。

「昔者鄭穆公當晝日中處乎廟，有神入門而左，鳥身，素服三絕。」硃筆於「絕」字旁標「△」符，並硃筆根批：「絕。」

「鄭穆公見之，乃恐懼，犇。帝享女明德，使子錫女壽十年有九。」「鄭穆公再拜稽首曰：『敢問神？』曰：『予爲句芒。』」疑似盧氏硃筆於「帝」字前補「神曰」二字。硃筆根批：「句芒。」

「昔者燕簡公殺其臣莊子儀而不辜。」硃筆根批：「莊子儀。」

「昔者宋文君鮑之時，有臣曰祏觀辜，固嘗從事於厲，株子杖揖出」。硃筆根批：「祏觀辜。株子。」

「株子杖揖出，與言曰：觀辜是何陸璧之不滿度量？」疑似盧氏硃筆改「陸」字爲「珪」字。

「株子舉揖而槀之，殪之壇上。當是」云云。硃筆於「槀」字旁標「△」符，於「是」字下增一「時」字。

「諸侯傳而語之曰：諸不敬，愼祭祀者，鬼神之誅至若此其憯遬。」疑似盧氏硃筆於「憯遬」後增一「也」字。

「昔者齊莊君之有所謂王里國、中里徼者。此二子者，訟三年而獄不斷。」硃筆根批：「王里國。中里徼。」疑似盧氏於「齊莊君之」下，以墨筆補一「時」字。

「齊君由謙殺之，恐不辜。」硃筆於「由」字旁批：「猶。」又於「謙」字旁標「△」符，並硃筆根批：「謙似當作兼。」

「猶謙釋之，恐失有罪。」硃筆於「謙」旁標「△」符。

「乃使之人共一羊，盟齊之神社，二子許諾。於是泏洫，摽羊而漉其血。」硃筆根批：「泏，知律切，水出皃。」於「摽」字旁標「△」符，並硃筆根批：「摽。」

「讀中里檄之辭未半也，羊起而觸之，折其脚，祧神之而槀之，殪之盟所。」硃筆於「槀」字旁標「△」符，並硃筆根批：「祧神之而槀之。」

「諸侯傳而語之曰：『請品先不以其請者，鬼神之誅，至若此其憯遬也。』」硃筆於兩「請」字旁標「△」符，並硃筆根批：「請品先不以其請。」

「子墨子言曰：雖有深谿博林幽澗無人之所，施行不可以不董，見有鬼神視之。」硃筆於「董」字旁標「△」符。

「今執無鬼者曰：夫衆人耳目之請，豈足以斷疑哉？奈何其欲爲高君子於天下，而有復信衆之耳目之請哉？」硃筆於二「請」字旁標「△」符。並硃筆根批：「請。」

「子曰：若以衆之耳目之請，以爲不足信也。」疑似盧氏硃筆於「子曰」二字前增「子墨」兩字。

「且惟昔虞夏商周三代之聖王，其始建國營都日，必擇國之正壇，置以爲宗廟；必擇木之修茂者，立以爲菆位；必擇國之父兄慈孝貞良者，以爲祝宗；必擇六畜之勝腯肥倅毛以爲犧牲。」硃筆於「菆」字旁標「△」符，並硃筆根批：「菆。」又於「倅」字旁硃筆批：「粹。」

「珪璧璜璜，稱財爲度。」硃筆於前一「璜」字旁批：「琮。」

「有恐後世子孫不能敬莙以取羊。」硃筆於「莙」字旁標「△」符，並硃筆根批：「莙。」

「先王之書，慎無一尺之帛，一篇之書，語數鬼神之有，重有重亦何書之，亦何書之有哉？」硃筆括出前「亦何書」三字，似删去之意。

「然則姑嘗止觀乎商書」云云。疑似盧氏硃筆改「止」字爲「上」字。

「嗚呼！古者有夏，方未有禍之時，百獸貞蟲，允及飛鳥，莫不比方。矧住人面，胡敢異心？」硃筆於「住」字旁標「△」符，並硃筆根批：「住」。另疑似盧氏於正文「住」字旁批：「在。」

「然則姑嘗止觀乎夏書。禹誓曰：大戰于甘」云云。疑似盧氏硃筆改「止」字爲「上」字，改「禹」字爲「甘」字。

「於古曰：吉日丁卯，周代祝社，方歲於社考，以延年壽。」硃筆根批：「吉日丁卯。」

「奪車馬衣裘以自利者，由此止。」疑似盧氏硃筆於「奪」字下增一「人」字。

「鬼神之罰，不可富貴衆強。」硃筆於「可」字下標「㇏」符，並硃筆旁批：「有缺。下文『可』下有『爲』字是。」

「昔者夏王桀貴爲天子，富有天下，上詬天侮鬼，下殃傲天下之萬民，祥上帝伐元山帝行。」硃筆於「祥」、「元山」字旁標「△」符，並硃筆根批：「祥。元山。」

「湯以車九兩，鳥陣鴈行，湯乘大贊，犯遂下衆，人之蝺遂，王乎禽推哆、大戲。」硃筆於「大贊」二字旁標「△」符，並硃筆根批：「大贊。」於「蝺」、「推哆、大戲」旁標「△」符，並硃筆根批：「蝺、推哆、大戲。」

「與殷人戰乎牧之野。王乎禽費中、惡來，衆畔百走。」硃筆於「王乎」之「乎」字旁標「×」符。

「費中、惡來、崇侯虎指寡殺人」云云。硃筆於「寡」字旁標「×」符。

「且禽艾之道之曰：『得璣無小，滅宗無大。』」硃筆於「禽艾」二字旁標「△」符，並硃筆根批：「禽艾。」

「若使鬼神請有」「若使鬼神請亡」「雖使鬼神請亡」「鬼神者，固請無有」。硃筆於四個「請」

字旁標「△」符，並硃筆於「若使鬼神請有」和「雖使鬼神請亡」下根批：「請。請。」

非樂上第三十二

「今王公大人雖無造爲樂器，以爲事乎國家，非直培潦水、折壞坦而爲之也。」硃筆於「雖無」二字旁標「△」符，並硃筆根批：「『雖無』前多作『惟毋』。」又改「坦」字爲「垣」字。

「今王公大人惟毋處高臺厚榭之上而視之，鍾猶是延鼎也，弗撞擊，將何樂得焉哉？」硃筆於「延鼎」二字旁標「△」符，並硃筆根批：「延鼎。」

「惟勿撞擊，將必不使老與遲者。老與遲者耳目不聰明，股肱不畢强，聲不和調，明不轉朴。」硃筆根批：「『遲』當作『穉』。」於「明」字旁標「×」符，於「轉朴」二字旁標「△」符，並硃筆根批：「轉朴。」

「將必使當年，因其耳目之聰明，股肱之畢强，聲之和調，眉之轉朴。使丈夫爲之，廢大夫耕稼樹藝之時。」硃筆於「眉」字旁標「×」符，並硃筆根批：「明、眉兩字都不解。」又改「大」字爲「丈」字。

「今大鍾鳴鼓、琴瑟竽笙之聲既已具矣，大人鏽然奏而獨聽之。」硃筆於「鏽」字旁標「△」符，並硃筆根批：「鏽。」

「將何樂得焉哉？其説將必與賤人不與君子。」硃筆圈去「不」字。

「是以食必粱肉，衣必文繡，此掌不從事乎衣食之財，而掌食乎人者也。」硃筆將兩「掌」字均改爲「常」字。

「今人與此異者也，賴其力者主，不賴其力者不主。」硃筆於「主」字旁批：「『主』當是

『生』字。」

「婦人夙興夜寐，紡績織紝，多治麻絲葛緒，細布縿。」硃筆改「細」字爲「綑」字。

「今惟毋在乎王公大人說樂而聽之」云云。硃筆於「惟毋」二字旁標「△」符，並硃筆根批：「惟毋。」此下「今惟毋在乎」云云凡四見，皆於「惟毋」二字旁標「△」符。

「其桓舞於宮，是謂巫風。其刑，君子出絲二衛，小人否，似二伯黃徑。」硃筆圈去「桓」字，校改爲「恆」字。又硃筆於「衞」字旁標「△」符，並硃筆根批：「衞。」又於「二伯黃徑」四字旁標「△」符，並硃筆根批：「『二伯黃徑』不知本何字。」

「於武觀曰：啓乃淫溢康樂，野于飲食，將將銘，莧磬以力，湛濁于酒，渝食于野，萬舞翼翼，章聞於大，天用弗式。」硃筆於「武觀」、「莧磬」四字旁標「△」符，並硃筆根批：「莧磬。」又改「大」字爲「天」字。

「今天下士君子，請將欲求興天下之利。」硃筆於「請」字旁標「△」符，並硃筆根批：「請。」

墨子卷之九

非命上第三十五

「執有命者之言曰：命富則富，命貧則貧，命衆則衆，命寡則寡，命治則治，命亂則亂，命壽則壽，命夭則夭。命，雖強勁何益哉！」硃筆於「雖」字前標出「㇏」符，並硃筆旁批：「有脱。」另疑似盧氏硃筆眉批：「似當言『命既一定』。」

「是非利害之辯，不可得而明知也，故言必有三表。」硃筆於「三表」二字旁標「△」符，並硃筆根批：「三表。」

「於何原之？下原察百姓耳目之實。於何用之？廢以爲刑政，觀其中國家百姓人民之利。」硃筆於「廢」字旁標「△」符，並硃筆根批：「『廢』，下作『發』字。」另疑似盧氏硃筆於正文「廢」字旁批：「置也。」

「此世未易，民未渝，於桀紂則天下亂，在於湯武則天下治。」疑似盧氏硃筆於前一「於」字前增「在」字。

「然而今天下之士君子或以命爲有，益嘗尚觀於先生之書。」疑似盧氏墨筆改「益」字爲「蓋」字。

「今雖毋求執有命者之言，不必得，不亦可錯乎？」硃筆於「雖」字旁標「惟」字。

「今用執有命者之言，是覆天下之義，覆天下之義者，是立命者也，百姓之誶也。」硃筆於「誶」字旁標「△」符，並硃筆根批：「誶。」

「義人在上，天下必治，上帝山川鬼神必有幹主，萬民被其大利。」硃筆於「幹主」二字旁皆標「△」符，並硃筆根批：「幹主。」

「聞文王者，皆起而趨之，罷不肖、股肱不利者，處而願之，曰：奈何乎使文王之地及我」云云。硃筆於「罷不肖」至「及我」諸字旁標「△」符，並硃筆旁批：「淺語別情。」

「義人在上，天下必治，上帝山川鬼神必有幹王，萬民被其大利。」硃筆於「幹王」二字旁標「△」符，並改「王」字爲「主」字，又硃筆根批：「幹主。」

「而强報此者，此特凶言之所自生，而暴人之道昔。」硃筆改「昔」字爲「也」字。

「然則何以知命之爲暴人之道？昔上世窮民，貪於飲食，惰於從事，是以衣之財不足，而飢寒凍餒之憂至。」硃筆於「衣」字下標「乀」符，補一「食」字。

「上世暴王不忍其耳目之淫，心涂之辟，不順其親戚，遂以亡失國家，傾覆社稷。」硃筆於「忍」字旁標「△」符，並硃筆旁批：「謂不能忍。」又於「心涂」二字旁標「△」符，並硃筆根批：「心涂。」

「於仲虺之告曰：『我聞于夏人，矯天命，布命于下，帝伐之惡，龔喪厥師。』此言湯之所以非桀之執有命也。」硃筆於「龔」字旁標「△」符，並硃筆根批：「仲虺之告：『夏王有罪，矯誣上天，以布命于下，帝用不臧，式商受命，用爽厥師。』」

「於太誓曰：『紂夷處，不肯事上帝鬼神，禍厥先神禔不祀，乃曰吾民有命，無廖排扇。』」硃筆於「廖排扇」三字旁標「△」符，並硃筆根批：「前作『無廖僔務』。」

非命中第三十六

「考之於鬼之志。」疑似盧氏墨筆改「於」字爲「天」字。

「徵以先王諸書，用之奈何？」疑似盧氏墨筆改「諸」字爲「之」字。

「發則爲刑」疑似盧氏墨筆於「刑」字下加一「政」字。

「今天下士君子或以命爲亡。」疑似盧氏墨筆於「或」字下加「以命爲有，或」五字。

「然胡嘗考之。」疑似盧氏硃筆於「胡」字下加一「不」字。

「故上有以規諫其君長，下有以教順其百姓。」硃筆以「△」符勾出，疑似盧氏墨筆根批：

「衍。」

「是故昔者三代之暴王，不繆其耳目之淫」云云。硃筆於「繆」字旁標「△」符，並硃筆根批：「繆。」

「不愼其心志之辟，外之驅騁田獵畢弋，内沈於酒樂，而罷不肖。」硃筆於「而」字上標出「乀」符，認爲有脫文。

「我聞有夏人矯天命，布命于下，帝式是惡，用闕師。」硃筆於「闕」字旁標「△」符，並硃筆旁批：「爽厥。」

「先王之書太誓之言然，曰：『紂夷之居，而不肯事上帝，棄闕其先神而不祀也。曰：我民有命，毋僇其務。天不亦不棄縱而不葆。』」硃筆根批：「書太誓作『毋懲其侮』。」於「天不亦」三字中圈去「不」字。

「於召公之執令於然，且敬哉，無天命，惟予二人，而無造言，不自降天之哉得之。」硃筆於「降天」二字旁標「乙」符，倒作「天降」。

非命下第三十七

「子墨子言曰：凡出言談，則必可而不先立儀而言。」硃筆於「必可而不」四字旁批：「不可而不。」

「是故言有三法。何謂三法？曰：『有考之者，原之者，有用之者』。」硃筆於「原」字前補一「有」字。

「惡乎原之？察衆之耳目之請。」硃筆於「請」字旁標「△」符，並硃筆根批：「請」。

「然今天有命者，不識昔也三代之聖善人與？」硃筆改「天」字爲「夫」字。旁疑盧氏墨筆批：「天。」

「然今以命爲有者，昔三代暴王桀紂幽厲，貴爲天子，富有天下。於此乎不而矯其耳目之欲」云云。硃筆圈出「而」字，並硃筆旁批：「衍。」

「不能善事親戚君長，甚惡恭儉而好簡易，貪飲食而惰從事，衣食之財不足，是以身有陷乎飢寒凍餒之憂。」硃筆改「陷」字爲「陥」字。

「昔者暴王作之，窮術之，此皆疑衆遲樸，先聖王之患之也，固在前矣。」硃筆於「窮」字下標出「㇏」符。並硃筆旁批：「有缺。如後文『窮』下少一『人』字。」

「曰：何書焉存？禹之總德有之。」硃筆於「總德」二字旁標「△」符，並硃筆根批：「總德。」

「曰：允不著，惟天民不而葆。」硃筆於「天民不」旁批：「文義是天不尔葆。」

「仲虺之告曰：我聞有夏人矯天命于下，帝式是增，用爽厥師。」硃筆改「增」字爲「憎」字。

「彼用無爲有，故謂矯。若有而謂有，夫豈謂矯哉！」硃筆於「彼用無爲有，故謂矯」諸字旁標「○」符。

「太誓之言也，於去發曰：惡乎君子！天在顯德，其行甚章。爲鑑不遠，在彼殷王。謂人有命，謂敬不可行，謂祭無益，謂暴無傷。上帝不常，九有以亡，上帝不順，祝降其喪。惟我有周，受之大帝。」硃筆於「去發」二字旁標「△」符，並硃筆根批：「去發。」又於「惡乎君子」至「受之大帝」文下硃筆批：「與泰誓本文或小異。」

「昔者紂執有命而行，武王爲太誓去發以非之。」硃筆於「去發」二字旁標「△」符，並硃筆根批：「去發。」

「是故子墨子曰：今天下之君子之爲文學、出言談也，非將勤勞其惟舌，而利其脣呡也。」硃筆於「惟」字旁校改爲「喉」字。

「今也婦人之所夙興夜寐，強乎紡績織紝，多治麻絲葛緒，捆布縿」云云。硃筆改「捆」字爲「捆」。又硃筆旁批：「又作『細』。」

「今雖毋在乎王公大人，蕢若信有命而致行之，則必怠乎聽獄治政矣。」硃筆於「雖毋」二字旁標「△」符，並改「雖」字爲「惟」字。又於「蕢」字旁標「△」符，並硃筆根批：「『蕢』前作『蕢』」。

「故雖昔者三代暴王桀紂幽厲之所以共抎其國家，傾覆其社稷者，此也。」硃筆改「雖」字爲「惟」字。

非儒下第三十九

「其禮曰：喪，父母三年，其後子三年，仁父、叔父、弟兄、庶子其戚族人五月。」硃筆圈去「其後子」的「其」字，旁批：「妻。」於第二個「其」字前加一「期」字。另疑似盧氏硃筆眉批：「『其』卽古『朞』字。」

「若以尊卑爲歲月數，則是尊其妻子與父母同，而親伯父、宗兄而卑子也。」硃筆於「子」字旁批：「『子』字訛。」另疑似盧氏硃筆根批：「似言『而卑與子同也』。」

「以爲實在，則戇愚甚矣，如其亡也，必求焉，僞亦大矣。」硃筆於所引諸字旁皆標「○」符。

「取妻，身迎，祗褍爲僕」云云。硃筆於「祗褍」二字旁標「△」符，並硃筆根批：「祗褍。」

「昏禮威儀，如承祭祀。顛覆上下，悖逆父母，下則妻子，妻子上侵。」硃筆於「則」字旁標「×」符，並硃筆旁批：「『則』字訛，不然是衍二『妻子』字。」

「事親若此，可謂孝乎？傳者迎妻，妻之奉祭祀，子將守宗廟，故重之。」硃筆於「迎」字上補「曰」字。另疑似盧氏硃筆改「傳」字爲「儒」字。

「其兄弟之妻，奉其先之祭祀，弗散則喪。」疑似盧氏墨筆於「其」字旁批：「朞。」又改「散」字爲「服」字。

「夫憂妻、子以大負絫，有曰：『所以重親也。』」硃筆於「負絫」二字旁標「△」符，並硃筆根批：「負絫。」

「爲欲厚所至和，輕所至重，豈非大姦也哉！」硃筆改「和」字爲「私」字。

「有强執有命以說議曰：壽夭貧富，安危治亂，固有天命，不可損益。」硃筆於「有命以說議」云云旁批：「此處似非命篇中錯簡。」

「且夫繁飾禮樂以淫人，久喪僞哀以謾親，立命緩貧而高浩居，倍本棄事而安怠徹。」硃筆於「高浩居」三字旁標「△」符，並硃筆根批：「高浩居。」又疑似盧氏墨筆於「徹」字旁批：「傲。」

「貪於飲食，惰於作務，陥於飢寒，危於凍餒，無以違之，是苦人氣，鼸鼠藏，而羝羊視，賁彘起。」硃筆改「陥」字爲「陷」字。又硃筆於「違」字旁標「△」符，並硃筆旁批：「『違』字作『逃避』字看。」又硃筆於「是苦」二字旁標「△」符，並硃筆根批：「鼸，鼷。」旁圈「鼸鼠藏，而羝羊視，賁彘起」十字，並硃筆旁批：「形容飢寒人當凍餒、苟得之意。」

「夫夏乞麥禾，五穀既收，大喪是隨，子姓皆從，得厭飲食，畢治數喪，足以至矣。因人之家翠，以爲恃人之野以爲尊，富人有喪，乃大説喜，曰：『此衣食之端也』。」硃筆於「大喪」至「至矣」諸字旁皆標「○」符。又硃筆於「翠」字旁標「△」符，並硃筆根批：「『翠』字訛，或是『卒』字。」又硃筆於「以爲」字下標「㇏」符，並硃筆旁批：「有缺。」於「富人」至「端也」諸字旁皆標「○」符。

「儒者曰：君子必服古言然後仁應之曰」云云。硃筆於「仁」字旁標「△」符，並硃筆旁批：「人。」另一硃筆於「人」字旁標「×」符，並硃筆於「服古言」諸字旁批：「古服言。」

「君子勝不逐奔，揜函弗射，强則助之胥車。」硃筆於「强」字旁批：「後作『施』。」於「胥車」二字旁皆標「△」符，並硃筆根批：「胥車。」

「無辭必服，見善必遷，何故相？若雨暴交爭，其勝者欲不逐奔。」硃筆於「何故相」三字旁批：「有缺文。」又改「雨」字爲「兩」字。

「勝將因用傳術令士率曰」云云。疑似盧氏墨筆於「傳」字旁批：「儒。」

「毋逐奔，揜函勿射，施則助之胥車。」硃筆於「施」字旁批：「前作『强』。」

「又曰：吾子若鍾，擊之則鳴，弗擊不鳴。」疑似盧氏硃筆改「吾」字爲「君」字。

「夫執後不言之朝物，見利使己，雖恐後言，君若言而未有利焉，則高拱下視，會噎爲深，曰：惟其未之學也。」硃筆於「雖」字旁標「△」符，並硃筆根批：「『雖』當是『惟。』」於「會噎」二字旁標「△」符，並根批：「會噎。」又硃筆旁圈「爲深」二字。

「今寡人問之，而子不對，何也？」硃筆於「之」字旁注「子」。

「嬰聞賢人得上不虛，得下不危，言聽於君必利人，教行下必於上，是以言明而易知也，行易而從也。」硃筆於「從」字前補一「易」字。

「入人之國，而與人之賊，非義之類也；知人不忠，趣之爲亂，非仁義之也。」硃筆圈去「義」字，於「之」字下補一「類」字。

「晏子曰：不可。夫儒，浩居而自順者也，不可以教下。」硃筆於「浩居」二字旁標「△」符，並硃筆根批：「浩居。」

「機服勉容，不可使導衆。」硃筆於「機服」二字旁標「△」符，並硃筆根批：「機服。」

「儒學不可使議世，勞思不可絫壽不能盡其學。」硃筆於後一「不可」下標「㇏」符，並硃筆旁批：「有缺文。」另疑似盧氏硃筆改「儒」字作「博」字，於後一「不可」字下補「以補民」三字。

「盛爲聲樂以淫遇民。」硃筆於「遇」字旁批：「愚。」

「今君封之，以利齊俗，非所以導國先衆。」硃筆於「利」字旁批：「移。」

「於是禮，留其封。」硃筆於「禮」字上標「㇏」符，並補「厚其」二字。

「孔丘乃志怒於景公與晏子，乃樹鴟夷子及於田常之門，告南郭惠子以所欲爲，歸於魯。有傾，間齊將伐魯。」硃筆於「鴟夷子」三字旁標「△」符，並硃筆根批：「鴟夷子。」又硃筆根批：「南郭惠子。」又於「間」字旁批：「聞。」另疑似盧氏硃筆改『及』字爲『皮』字。

「孔丘爲魯司寇，舍公家而於季孫。季孫相魯君而走，季孫與邑人爭門關，決植。」硃筆於「於」字上標「㇏」符，並硃筆旁批：「有缺。」又於「關」字及「決植」旁標「△」符，並硃筆根批：「關。決植。」

「孔丘不問肉之所由來而食；號人衣，以酤酒。」硃筆改「號」字爲「褫」字。

「孔丘曰：來，吾語女。曰襄與女爲苟義。」硃筆於「苟義」二字旁標「△」符，並硃筆根批：「苟義。」

「夫舜見瞽叟然就，此時天下圾乎？」硃筆於「圾」字旁標「△」符，並硃筆根批：「圾。」

「周公旦非其人也邪？何爲舍亦家室而託寓也？」硃筆於「舍亦」二字間標「乙」符，意將其顛倒。

「陽虎亂乎齊，佛肸以中牟叛，求雕刑殘，莫大焉。」硃筆於「求」字旁標「△」符。

墨子卷之十

經上第四十

題下硃筆批：「不必通章看之，一句一句分釋，儘足尋繹。時出微言，只作爾雅釋詁訓言之體讀之，初不害于艱澀難通。」

「故，所得而後成也。」硃筆全圈「故」字，旁圈「所得而後」四字。

「體，分於兼也。」硃筆旁圈全句五字。

「必，不已也。」硃筆旁圈全句四字。

「同，長以缶相盡也。」硃筆旁圈全句。並硃筆根批：「『缶』，一作『缶』，似『正』之訛。此作『缶』，妙。」

「恕，明也。」硃筆於「恕」字旁標「△」符，並硃筆根批：「恕。」

「日中，缶南也。」硃筆於「缶」字旁標「△」符，並硃筆根批：「『缶』或『正』之訛。」

「方，柱隅四讙也。」硃筆旁圈全句六字。

「端，體之無序而最前者也。」硃筆旁圈「體之無序而最前者也」九字，並硃筆旁批：「細語，此卽不見義理次序先幾，所謂倪也。」

「孝，利親也。有間，中也。」硃筆旁圈全句八字，於「有間，中也」旁硃筆批：「才有利親之心，中有間者矣，此所謂不及孝也。」

「佴，自作也。」硃筆於「佴」字旁標「△」符，並硃筆根批：「佴。」

「纑，間虛也。」硃筆於「纑」字旁標「△」符，並硃筆根批：「纑。」

「誚，作嗛也。」硃筆旁圈「誚，作嗛」三字，並硃筆根批：「『誚』，字書無；『嗛』銜、欠、謙三音，口有所銜也。」

「廉，作非也。」硃筆旁圈全句四字，並於「廉」字旁硃筆批：「察。」

「似，有以相攖，有不相攖也。」硃筆旁圈全句十字。

「勇，志之所以敢也。」硃筆旁圈全句七字。

「次，無間而不攖攖也。」硃筆旁圈全句八字。

「力，刑之所以奮也。」疑似盧氏硃筆於「刑」字旁批：「形同。」

「生，刑與知處也。」硃筆旁圈「刑」字，於「知」字旁標「△」符。

「佴，所然也。」硃筆於「佴」字旁標「△」符，並硃筆根批：「佴。」

「臥，知無知也。」硃筆旁圈全句五字。

「平，知無欲惡也。」硃筆旁圈全句六字。

「辯，爭彼也。」硃筆旁圈「爭彼」兩字。

「爲窮知而縣於欲也。」硃筆於「縣」字旁標「△」符，並硃筆根批：「縣。」
「聞，博，親。且，且言然也。」硃筆於「聞」字旁標「△」符，並硃筆旁批：「白。」
「見，體，儘。君，臣，萌，通約也。」硃筆於「見」字旁標「△」符，並硃筆旁批：「耳。」
「合，缶，宜，必。」硃筆於「缶」字旁標「△」符，並硃筆根批：「缶，正。」
「欲缶權利，且惡缶權害。」硃筆旁圈全句九字，並於二「缶」字旁標「△」符。
「爲，存，亡，易，蕩，治，化。罪，犯禁也。」硃筆於「爲，存，亡，易，蕩，治，化」諸字旁批：「此句似不在此處。」並硃筆眉批：「此處有錯文，當正。」
「同，重，體，合，類。」硃筆全圈「同」字，並於「合類」二字旁標「△」符。
「同，重，體，合，類。上報下之罪也。異，二體不合不類。同，異而俱於之一也。」硃筆全圈「同」、「異」二字，並於「合類」、「合」、「類」四字旁標「△」符。
「久，彌異時也。守，彌異所也。」硃筆旁圈兩句十字。
「窮，或有前，不容尺也。」硃筆旁圈全句八字。又硃筆於「容」字旁批：「容字。」
「循所聞而得其意，心也察也。」硃筆於「心」字旁標「△」符，並硃筆根批：「此『心』字疑因『意』下之『心』字衍出。」又硃筆於「也」字旁批：「之。」
「服執說。巧轉則求其故。」硃筆於「說」字旁標「△」符，並硃筆根批：「說。」
「儇，稘秖。」硃筆於「稘」字旁標「△」符，並硃筆根批：「儇，稘秖。」
「庫，易也。」硃筆於「庫」字旁標「△」符。另疑似盧氏硃筆於「庫」字旁批：「瘴。」
「缶無非。」硃筆根批：「缶。」

經下第四十一

「異類不吡，說在量。」硃筆於「吡」字旁標「△」符，並硃筆根批：「吡。」

「非半弗斱則不動，說在端。」硃筆於「斱」字旁標「△」符，並硃筆根批：「斱。」

「缶而不可擔，說在摶。」硃筆於「缶」字旁標「△」符。

「景之小大，說在地缶遠近。」硃筆於「缶」字旁標「△」符。

「天而必缶，說在得。」硃筆於「缶」字旁標「△」符。

「惟吾謂，非名也則不可，說在仮。」硃筆於「仮」字旁標「△」符，並硃筆根批：「『仮』與『反』同。」

經說上第四十二

「知也者，以其知過物而能貌之，若見。恕」云云。硃筆於「恕」字旁批：「恕。」

「佴，與人、遇人，衆循。」硃筆於「佴」、「循」二字旁標「△」符，並硃筆根批：「佴。循。」

「詣，爲是爲是之台彼也。」硃筆於「詣」、「台彼」旁標「△」符，並硃筆根批：「詣。」

「廉，己惟爲之，知其也䎽也。」硃筆於「䎽」字旁標「△」符，並硃筆根批：「䎽。」

「勇，以其敢於是也命之；不以其不敢於彼也害之。」硃筆旁圈全句十九字。

「故言也者，諸口能之出民者也。民若畫俿也。」硃筆於「俿」字旁標「△」符，並硃筆根批：「俿。」

「侗，二人而俱見是楹也，若事君。」硃筆於「侗」字旁標「△」符，並硃筆根批：「侗。」

「化，若鼃爲鶉。」硃筆旁圈「鼃」、「鶉」二字。

「儇，昫民也。」硃筆於「昫」字旁標「△」符，並硃筆根批：「昫。」

「圜，規寫支也。」硃筆於「支」字旁標「△」符，並硃筆根批：「支。」

「纑，虚也者，兩木之間，謂其無木者也。」硃筆於「纑」字旁標「△」符，並硃筆根批：「纑。」

「佴，然也者，民若法也。」硃筆於「佴」字旁標「△」符，並硃筆根批：「佴。」

「爲，欲䬨其指，智不知其害，是智之罪也。若智之，慎文也，無遺於其害也。而猶欲䬨之，則離之。」硃筆於兩「䬨」字旁標「△」符，並硃筆根批：「䬨。」

「是猶食脯也，騷之利害未知也，欲而騷，是不以所疑止所欲也。」硃筆於「食脯」二字旁標「△」符，並硃筆根批：「騷從食脯來。」

「觀爲窮知而𠐱於欲之理，䬨脯而非恕也，䬨指而非愚也。」硃筆於「𠐱」字旁標「△」符，並硃筆根批：「𠐱」。又於「恕」、「愚」和二「䬨」字旁標「△」符，並硃筆根批：「『恕』對『愚』是『智』。」

「知，傳受之，聞也；方不瘴，說也；身觀焉，親也。」硃筆於「瘴」字旁標「△」符，並硃筆根批：「瘴，之讓切，蔽也。」

「免蚓還園，去就也。」硃筆於「蚓」字旁標「△」符，並硃筆根批：「蚓。」

「正五諾，皆人於知有說。過五諾，若員無直無說。用五諾，若自然矣。」硃筆於三「五諾」旁標「△」符，並硃筆旁批：「前有諾，不一。」

經說下第四十三

「橘、芧，食與抬也。」硃筆於「抬」字旁標「△」符，並硃筆根批：「抬。」

「爲握者之頠倍，非智之任也。」硃筆於「頠」字旁標「△」符，並硃筆根批：「頠。」

「爵、親、行、賈，四者孰貴？」硃筆於「爵、親、行、賈」四字旁標「△」符。

「麋與霍孰高？麋與霍孰霍？蚵與瑟孰瑟。」硃筆於前兩「霍」字旁標「△」符，並硃筆根批：「霍。」又於「蚵」字旁標「△」符，並硃筆根批：「蚵」。

「狗，假霍也，猶氏霍也。」硃筆於二「霍」字旁標「△」符。

「鬭者之敝也以飲酒，若以曰中，是不可智也。」硃筆於「曰」字旁標「×」符，並硃筆旁批：「日。」

「足蔽下光，故成景於止。」硃筆於「止」字旁批：「『止』字當是『上』字。」

「在遠近有端與於光，故景庫內也。」硃筆於「庫」字旁批：「瘴。」

「景，木杝，景短、大；木正，景長、小。」硃筆於「杝」字旁標「△」符，並硃筆根批：「杝。」

「遠近臨正鑒，景寡、貌能、白黑、遠近、杝正，異於光鑒。」硃筆於「杝」字旁標「△」符，並硃筆根批：「杝。」

「鑒者近則所鑒大，景亦大；亦遠所鑒小，景亦小，而必正。」硃筆於「亦遠民鑒小」五字中圈去「亦」字，並於「遠」字下補一「則」字。

「繩直權重相若，則心矣。」硃筆於「心」字旁標「△」符，並硃筆根批：「心。」

「兩輪高，兩輪爲輲，車梯也。」硃筆於「輲」字旁標「△」符，並硃筆根批：「輲。」

「重其前，弦其前，載弦其前，載弦其軲，而縣重於其前。」硃筆於「軲」字旁標「△」符，並硃筆根批：「軲。」

「是⿰土弟挈則行。」硃筆於「⿰土弟」字旁標「△」符，並硃筆根批：「⿰土弟」。

「拕，或害之也。」硃筆於「拕」字旁標「△」符，並硃筆根批：「拕。」

「沶⿰土弟者，不得⿰氵下，直也。」硃筆於「沶」、「⿰土弟」、「⿰氵下」字旁標「△」符，並硃筆根批：「沶。⿰氵下。」

「今也廢尺於平地，重不下，無⿰⻊旁也。」硃筆於「⿰⻊旁」字旁標「△」符，並硃筆根批：「⿰⻊旁。」

「⿰身出倚焉則不正，誰幷石、絫石耳。」硃筆於「幷」字旁標「△」符，並硃筆根批「幷」。

「缶貫也宜不宜，缶欲不欲。」硃筆於二「缶」字旁標「△」符，並硃筆根批：「缶。缶。」

「於石一也，堅白二也，而在石。故有智焉，有不智焉，可。有指，子智是，有智是吾所先舉，重。則子智是，而不智吾所先舉也，是一。謂有智焉，有不智焉也。」墨筆根批：「『智』字只作『知』字讀。」

「所春也，其執固不可指也。」硃筆於「春」字旁標「×」符，並硃筆根批：「春。」

「問者曰：『子智⿰馬凡乎？』應之約，曰：『⿰馬凡何謂也？』彼曰『⿰馬凡施』，則智之。若不問⿰馬凡何謂，應以弗智，則過。」硃筆於四個「⿰馬凡」字旁皆標「△」符，並硃筆根批：「⿰馬凡。」

「且恕人利人，愛也，則唯恕弗治也。」硃筆於二「恕」旁標「△」符，並硃筆根批：「恕。」

「若傷麋之無脾也。且有損而後益智者，若⿸疒虎病之於⿸疒虎也。」硃筆旁圈「且有損而後益智者」八字，又硃筆於二「⿸疒虎」字旁標「△」符，並硃筆根批：「⿸疒虎。字書曰『與⿸疒虒同』，⿸疒虒，思移切，瘦也。」

「堯霍，或以名視人，或以實視人。舉友富商也，是以名視人也。指是臛也，是以實視人也。」硃筆於「堯霍」二字、「臛」字旁標「△」符，並硃筆根批：「堯霍。臛。」

「狗，犬也，謂之殺犬，可，若兩腗。」硃筆於「腗」字旁標「△」符，並硃筆根批：「腗，大罪、都罪二切，膘腗也，亦胉。」

「非，斮半，進前取也。」硃筆於「斮」字旁標「△」符，並硃筆根批：「斮，知畧切，破也。」

「傴宇不可偏舉字也。」硃筆根批：「宇字混。」

「行者行者，必先近而後遠。」硃筆圈去「行者」二字，並硃筆旁批：「『行者』複，疑二衍。」

「是俱有，不偏有，偏無有。曰之於馬不類，用牛角、馬無角，是類不同也。」硃筆於「曰」字後增補一「牛」字，於「用」字旁標「×」符，於「牛角」二字中間補一「有」字。

「和而不唱，是不教也。智而不教，功適息。」硃筆於「智而不教」的「智」字下增補一「少」字。

「惟，謂是霍，可。而猶之非夫霍也，謂彼是是也。」硃筆於二「霍」字旁標「△」符，並硃筆根批：「霍。」

「無南者，有窮則可盡，無窮則不可盡。」「人若不盈先窮，則人有窮也，盡有窮無難。」硃筆於「南」字旁標「△」符，並硃筆根批：「此『南』字似『難』之訛，以上下文俱有『無難』字也。」

「論誹。誹之可不可，以理之可誹，雖多誹，其誹是也；其理不可非，雖少誹，非也。」硃筆改前一「非」字爲「誹」字。

「處下善於處上，下所請上也。」硃筆於「請」字旁標「△」符。

墨子卷之十一

大取第四十四

「天之愛人也，薄於聖人之愛人也；其利人也，厚於聖人之利人也。」硃筆旁圈全句諸字。

「大人之愛小人也，薄於小人之愛大人也；其利小人也，厚於小人之利大人也。」硃筆旁圈全句諸字。

「以樂爲利其子，而爲其子求之，非利其子也。」硃筆旁圈「而爲其子求之，非利其子也」十一字。

「斷指以存瞖，利之中取大，害之中取小也。」硃筆於「瞖」字旁標「△」符，並硃筆根批：「瞖」。另疑似盧氏硃筆於正文「瞖」字旁批：「腕。」

「爲暴人語天之爲是也；而性爲暴人歌天之爲，非也。」硃筆旁圈全句諸字。

「有有於秦馬，有有於馬也，智來者之馬也。」硃筆旁圈全句諸字。

「鬼非人也，兄之鬼，兄也。」硃筆旁圈全句諸字。

「倪日之言也，乃客之言也。」硃筆於「倪」字旁標「△」符，並硃筆根批：「倪。」

「方，至尺之不至也，與不至鐘之至不異，其不至同者，遠近之謂也。」硃筆於「方」字下斷句，旁圈「至尺」至「不異」諸字。
「意楹，非意木也，意是楹之木也。」硃筆旁圈全句諸字。
「意獲也，乃意禽也。志、功不可以相從也。」硃筆旁圈「意獲」至「從也」十五字。
「聖人之拊、瀆也，仁而無利愛。」硃筆旁圈「拊」、「瀆」二字，並於二字旁標「△」符。
「昔之知墻，非今日之知墻也。」硃筆旁圈「知墻」二字，並於二字旁標「△」符。
「故浸淫之辭，其類在鼓栗。」硃筆於「栗」字旁標「△」符。
「聖人也，爲天下也，其類在於追迷。」硃筆於「追」字旁標「×」符，於「迷」字旁標「△」符。
「或壽或卒，其利天下也指若，其類在譽石。」硃筆於「石」字旁標「△」符。
「小仁與大仁，行厚相若，其類在申。」硃筆於「申」字旁標「○」符。
「凡興利除害也，其類在漏雍。」硃筆於「漏雍」二字旁標「△」符。
「厚親不稱行，而類行，其類在江上井。」硃筆旁圈「江上井」三字，並硃筆於「而類行」之「類」字旁批：「前作顧。」
「不爲己之可學也，其類在獵走。」硃筆於「獵走」二字旁標「△」符。
「愛人非譽也，其類在逆旅。」硃筆旁圈「逆旅」二字。
「愛人之親，若愛其親，其類在官苟。」硃筆旁圈「官」字。
「兼愛相若，一愛相若。一愛相若，其類在死也。」硃筆旁圈「死」字。另疑似盧氏硃筆於「也」字旁批：「蛇。」

小取第四十五

「辟也者，舉也物而以明之也。」硃筆於「辟」字旁標「△」符，並於「舉」字下之「也」字旁批：「『也』衍。」又硃筆圈去此「也」字。

「侔也者，比辭而俱行也。」硃筆於「侔」字旁標「△」符。

「援也者，曰：子然，我奚獨不可以然也？」硃筆於「援」字旁標「△」符。

「推也者，以其所不取之，同於其所取者，予之也。」硃筆於「推」字旁標「△」符。

「是故辟、侔、援、推之辭，行而異，轉而危，遠而失，流而離本，則不可不審也。」硃筆於「辟」、「侔」、「援」、「推」四字旁標「△」符。

「獲之視，人也；獲事其親，非事人也。其弟，美人也；愛弟，非愛美人也。」硃筆旁圈「愛弟，非愛美人也」諸字。

「船，木也，人船，非人木也。」硃筆改二「人」字爲「乘」字。

「若若是，則雖盜人人也，愛盜非愛人也，不愛盜非不愛人也，殺盜人非殺人也。無難盜無難矣，此與彼同類。」硃筆於上一「無」字下批：「有脱。」

「有命，非命也；非執有命，非命也。」硃筆於「非執有命」的「非」字下標「∴」符，並硃筆根批：「句可上可下。」

「此與彼同，世有彼而不自非也，墨者有此而罪非之，無也故焉。」硃筆圈去「罪」字，並於「也故」二字間標「乙」符，改爲「故也。」又硃筆旁批：「如上文『故』在『也』上。」

「人之鬼，非人也；兄之鬼，兄也。祭之鬼，非祭人也；祭兄之鬼，乃祭兄也。」硃筆旁圈以上四句諸字。

「之馬之目盼，爲之馬盼。」硃筆於「爲」字旁批：「謂。」

「之牛之毛衆，而不謂之牛衆。」硃筆於後一「衆」字下增一「之」字。

「馬或自者，二馬而或白也，非一馬而或白。」硃筆改「自」字爲「白」字。

耕柱第四十六

「耕柱子曰：『驥足以責。』子曰：『我亦以子爲足以責。』」硃筆於「子曰」前補「子墨」二字。

「昔者夏后開使蜚廉折金於山川，而陶鑄之於昆吾，是使翁難卜於白苦之龜。」硃筆根批：「蜚廉。」又於「翁難」二字旁標「△」符，並硃筆根批：「翁難。」又於「龜」字旁標「△」符，並硃筆根批：「龜。」

「使聖人聚其良臣，與其桀相而諫，豈能智數百歲之後哉？」硃筆於「諫」字旁批：「謀。」

「治徒娛、縣子碩問於子墨子曰：『爲義孰爲大務？』」硃筆於「子碩」二字旁標「△」符，並硃筆根批：「治徒娛。縣子碩。」

「子墨子曰：譬若築墻然，能築者築，能實壤者實壤，能欣者欣，然後墻成也。爲義猶是也。」硃筆於「築」、「實壤」、「欣」字旁均標「△」符。

「子墨子曰：今有燎者此於。」硃筆於「此於」二字間標「乙」符，改作「於此。」

「子墨子游荆耕柱子於楚，二三子過之，食之三升，客之不厚。」硃筆於「游」字旁標「△」符，並硃筆根批：「遊。」又硃筆於「客之不厚」四字旁批「猶言遇之不厚也。」

「子墨子曰：未可智也。」硃筆圈去「智」字下半部的「日」字，改爲「知」。

「巫馬子謂子墨子之爲義也，人不見而耶，鬼不見而富。」硃筆於「耶」字旁標「×」符，並硃筆根批：「『耶』或是『卽』之訛。」

「巫馬子謂子墨子曰：舍今之人而舉大王，是舉槁骨也。譬若匠人然，智槁木也，而不智生木』。」硃筆圈去二「智」字下半部的「日」字，改作「知」。

「可譽而不譽，仁也。」硃筆於「仁」字上標「㇏」符，並硃筆旁批：「脫。」

「子墨子曰：和氏之璧，隋侯之珠，三棘六異，此諸侯之所謂良寶也。」硃筆於「三棘六異」四字旁標「△」符。

「葉公子高豈不知善爲政者之遠者近也，而舊者新是哉，問所以爲之若之何也。不以人之所不智告人，所以智告之。」硃筆於「遠者近也」的「也」字旁批：「之。」於「是」字上補一「之」字，於後一「所以」二字問標「乙」符，改「所以」爲「以所」。

「子墨子曰：言足以復行者，常之；足以舉行者，勿常。不足以舉行而常之，是蕩口也。」硃筆旁圈「足以舉行者」五字，於「足以舉行者」的「足」字上標「㇏」符，旁補「不」字。

「子墨子使管黔滶游高石子於衞。」硃筆於「滶」字旁標「×」符，於「游」字旁標「△」符，並硃筆根批：「管黔。『滶』疑卽『游』字之訛而衍。」另疑似盧氏硃筆於「滶」字旁批：「滶。」

「衞君致祿甚厚，設之於鄉。高石子三朝必盡言，而言無行者。」硃筆於「鄉」字旁校改作「卿」字。又硃筆根批：「高石子。」

「古者周公旦非關叔，辭三公，東處於商蓋，人皆謂之狂。」硃筆於「關叔」三字旁標「△」符，並硃筆根批：「關叔。」

「今衛君無道，而貪其祿爵，則是我爲苟⿰阝舀人長也。」硃筆改「⿰阝舀」字爲「陷」字，並於「苟⿰阝舀」二字旁標「△」符，又硃筆根批：「苟陷人長。」

「子墨子曰：世俗之君子，貧而謂之富則怒，無義而謂之有義則喜。豈不悖哉！」硃筆旁圈「富」、「怒」、「義」、「喜」四字。

「愛我親於我家人，愛我身於吾親，以爲近我也。擊我則疾，擊彼則不疾於我，我何故疾者之不拂，而疾不者之拂？故有我，有殺彼以我，無殺我以利。」硃筆於「我身」云云旁批：「此句信矣。」又硃筆全圈「於我」二字，又於「疾不」二字間標「乙」符，改作「不疾」。硃筆旁圈「我何故疾者之不拂，而疾不者之拂」十四字。又硃筆於末「我」字旁標「△」符。

「說子亦欲殺子，不說子亦欲殺子，是所謂經者口也，殺常之身者也。」硃筆於「之」字旁批：「在。」

「子墨子謂魯陽文君曰：今有一人於此，羊牛犓豢」云云。硃筆於「犓」字旁標「△」符，並改「犓」字爲「⿰牜蜀」字。

「子墨子曰：楚三意之田，曠蕪而不可勝辟，評靈數千，不可勝見。」硃筆於「三意」二字旁標「△」符，並硃筆根批：「三意。」於「評」字旁標「△」符，並硃筆根批：「評，火吳切，嗅也。」

「子墨子曰：季孫紹與孟伯常治魯國之政，不能相信，而祝於禁社。」硃筆根批：「季孫紹。孟伯常。」

「子墨子謂駱滑氂曰：我聞子好勇。」硃筆根批：「駱滑氂。」

卷六十一　墨子校注（下）

墨子卷之十二

貴義第四十七

「子墨子自魯齊即，過故人，謂子墨子曰」云云。硃筆改「齊即」二字爲「即齊」。另疑似盧氏硃筆於「過」字旁批：「遇。」

「子墨子曰：今天下莫爲義，則子如勸我者也，何故止我？」硃筆於「如勸」二字旁批「『如』或是『加』之訛。」

「謂子墨子曰：子言則成善矣。」硃筆於「成」字旁批：「誠。」

「今有藥此，食之則耳加聰，目加明。」硃筆於「藥」字下補一「于」字。

「子墨子曰：『必去六辟。嘿則思，言則誨，動則事。使者三代御，必爲聖人』。」硃筆於「使者」二字旁批「有訛。」

「子墨子曰：『今事之用身，不若商人之用一布之慎也。商人用一布，布不敢繼苟而讐焉。』」硃筆改「事」字爲「士」字。於「布不敢繼」旁批：「有訛。」

「若有患難，則使百人處於前，數百於後」云云。硃筆於「數百」字下補「人」字。

「子墨子仕於衛，所仕者至而反。」硃筆於前「仕」字下標「乀」符，疑有脫字。

「子墨子曰：『何故反？』對曰：『與我言而不當。』」硃筆於「當」字旁批：「後作『審』字。」

「子墨子曰：然則非爲其不審也。」硃筆於「審」字旁批：「前作『當』字。」

「則是世俗之君子視義士也，不若視負粟者之。」硃筆改末「之」字爲「也」字。

「子墨子曰：商人之四方，市賈信徙，雖有關梁之難，盜賊之危，必爲之。今士坐而言義，無關梁之難，盜賊之危，此爲信徙不可勝計，然而不爲。財士之計利，不若商人之察也。」硃筆於兩「信徙」二字旁標「△」符，並硃筆根批：「信徙。」又硃筆校改「財」字爲「則」字，並於「則」字下補「是」字。

「子墨子不聽，遂北而反爲。」硃筆圈去「爲」字。

「若用子之言，則是禁下行者也，是圍心而虚天下也。」硃筆於「圍心」二字旁標「△」符，並硃筆根批「『圍心』二字恐訛。」另一硃筆於「圍心」二字旁標「×」符。

「子墨子曰：吾言足用矣。舍言革思者，是猶舍獲而攈粟也。」硃筆於「舍言革思」四字旁標「△」符，並硃筆根批：「舍言革思。」

公孟第四十八

「子墨子曰：是言有三物焉，子乃今知其一身也，又未知其所謂也。」硃筆於「身」字旁標「△」符。

「公孟子義章甫，搢忽，儒服，而以見子墨子。」硃筆於「義」字中標「、」符，疑字訛，並硃筆根批「忽」。又硃筆於「忽」字旁標「△」符，並硃筆旁批：「笏。」又疑似盧氏硃筆眉批：

「『忽』『笏』同。」

「『請舍忽，易章甫，復見夫子，可乎？』子墨子曰：『請因以相見也，若不將舍忽、易章甫而後相見，然則行果在服也。』」硃筆於二「忽」字旁標「△」符。

「商王紂卿士費仲爲天下之暴人，箕子、微子爲天下之聖人，此同言而或仁不仁也。」疑似盧氏墨筆於「仁不」二字間加一「或」字。

「周公旦爲天下之聖人，關叔爲天下之暴人，此同服或仁或不仁。」硃筆根批：「『關』卽『管』。」

「子墨子曰：教人學而執有命，是猶命人葆而去亦冠也。」硃筆於「亦冠」二字旁標「×」符。並硃筆根批：「亦冠。」另一疑似盧氏硃筆於「亦」字旁批：「其。」「『其』古作『丌』，遂誤『亦』。此下多如此。」

「子墨子曰：國之治，治之廢，則國之治亦廢。」硃筆於上「治」字下標「乀」符，旁批：「有缺。」另一疑似盧氏硃筆根批：「治之，故治也。」

「古者三代暴王桀紂幽厲，薾爲聲樂，不顧其民」云云。硃筆於「薾」字旁標「△」符。並硃筆根批：「薾。」

「公孟子曰：無鬼神。又曰：君子必學祭祀。」疑似盧氏改「祀」字爲「禮」字。

「子墨子曰：子以三年之喪非三日之喪，是猶倮謂撅者不恭也。」硃筆於「倮」「撅」二字旁標「△」符，並硃筆根批：「倮。撅。」又改「日」字爲「月」字。

「公孟子曰：『三年之喪，學吾之慕父母。』子墨子曰：『夫嬰兒子之知，獨慕父母而已。父母不可得也，然號而不止，此亦故何也？』」硃筆下批：「大悖矣。」另一疑似盧氏硃筆於「亦」字中標「‥」符，並硃筆旁批：「其。」

「今我問曰：『何故爲樂？』曰：『樂以樂也。』」疑似盧氏硃筆於「樂以」下增一「爲」字。

「是猶曰：『何故爲室？』曰：『室以爲室也。』」硃筆旁圈「室以爲室也」五字。

「子墨子謂程子曰：儒之道足以喪天下者，四政焉。儒以爲不明，以鬼爲不神，天鬼不説，此足以喪天下。又厚葬久喪，重爲棺槨，多爲衣衾，送死若徙。硃筆於「以」「爲」二字間標「㇏」符，以示有缺字。又硃筆改『徙』爲『徒』字。

「子墨子曰：儒固無此各四政者」云云。硃筆圈去「各」字。

「有游於子墨子之門者，謂子墨子曰：先生以鬼爲神明知，能爲禍人哉？」硃筆於「哉」字後標「㇏」符，並硃筆旁批：「接下文『爲善者福之。』」

「勸於善言而學，其年，而責仕於子墨子。」疑似盧氏硃筆於「其」字旁批：「期。」

「子曰：不仕子。」硃筆於「子」字下標「㇏」符，以示有脱字。

「子亦聞夫魯語乎？魯有昆弟五人者，亦父死，亦長子嗜酒而不葬，亦四弟曰：『子無我葬，當爲子沽酒。』」硃筆圈去三「亦」字，並旁標「×」符，又硃筆根批：「『亦』當是『其』字，古『其』作『亓』。」又硃筆全圈「子無我葬」諸字，並於四字旁標「△」符。另一疑似盧氏硃筆於「子無我葬」之「無」字旁批：「爲」。

「四弟曰：吾未予子酒矣。」疑似盧氏硃筆於「未」字旁批：「來。」

「夫欲富貴者，故不欲哉？好美、欲富貴者，不視人猶强爲之福。」疑似盧氏硃筆於「故」字上標「㇏」符，並硃筆加「豈曰我族人莫富貴」一句，並硃筆勾去「故不欲」至「爲之福」，並在其下批：「接前。」

「今吾事先生久矣，而福不至。意者，先生之言有不善乎？」硃筆於「今吾」云云旁批：「誚皮。」

「有人於此，百子，子能終身譽亦善，而子無一乎？」硃筆於「亦」字旁標「×」符，並硃筆旁批：「其。」

「子墨子曰：『匿一人者猶有罪，今子所匿者，若此亦多，將有厚罪者也，何福之求？』」硃筆於「亦」字旁校爲「其」字。

「子墨子有疾，跌鼻進而問曰：先生以鬼神爲明，能爲禍福，善者賞之，爲不善者罰之。今先生聖人也，何故有疾？意者，先生之言有不善乎？鬼神不明知乎？」硃筆根批：「跌鼻。」

「子墨子曰：雖使我有病，何遽不明？人之所以得於病者多方，有得之寒暑，有得之勞苦，百門而一門焉，則盜何遽無從？」硃筆改「病」字爲「疾」字。又於「百」字前標出「乀」符，並硃筆旁批「缺」。另疑似盧氏硃筆眉批：「以足上『多方』之喻，非缺。」又疑似盧氏於「無從」後硃筆旁批：「接前『有游於子墨子之門者』十五行。」

「不可，夫知者必量亦力所能至而從事焉。國士戰且扶人，猶不可及也。」硃筆於「亦」字旁標「×」符，於「且扶」二字旁批：「有訛。」另疑似盧氏硃筆於「扶」字旁批：「疑『抶』。」

「二三子復於子墨子曰：告子曰：『言義而行其惡。』請棄之。」硃筆於「子曰」後增「子墨子」三字。

「今告子言談甚辯，言仁義而不吾毀，告毀子，猶愈亡也。」硃筆改「告毀子」爲「告子毀。」

墨子卷之十三

魯問第四十九

「吾願主君之上者尊天事鬼，下者愛利百姓，厚爲皮幣，卑辭令，函偏禮四鄰諸侯。」硃筆於「函」字旁標「△」符。

「子墨子曰：并國覆軍，賊敖百姓，孰將受其不祥？」硃筆改「敖」字爲「殺」字。

「子墨子謂魯陽文君曰：攻其鄰國，殺其民人，取牛馬粟米貨財，則書之於竹帛，鏤之於金石，以爲銘於鍾鼎，傳遺後世子孫，曰：莫若多吾。」硃筆改「多吾」爲「吾多」。

「子墨子爲魯陽文君曰：世俗之君子」云云。硃筆改「爲」字作「謂」字。

「誄者，道死人之志也。今因說而用之，是猶以來首從服也。」硃筆於「來首」二字旁標「△」符，並硃筆根批：「來首從服。」

「子墨子曰：令之俯則俯，令之仰則仰，是似景也。處則靜，呼則應，是似響也。君將何得於景與響哉？」硃筆旁圈「似景」、「似響」、「何得於景與響哉」諸字。

「鮒者之恭，非爲魚賜也，蛡鼠以蟲，非愛之也。」硃筆改「鮒」字爲「釣」字，並硃筆根批「釣」。又於「蛡」字旁批：「餌。」

「魯之南鄙人有吳慮者，冬陶夏耕，自比於舜。」硃筆於「吳慮」二字旁標「△」符。

「子墨子曰：子之謂所義者，亦有力以勞人，有財以分人乎？」硃筆改「謂所」爲「所謂」。

又硃筆根批：「此段全非墨子之學矣。」

「籍而以爲得一升粟」云云，「籍而爲得尺布，其不能煖天下之寒者，既可睹矣。」硃筆改二「籍」字爲「藉」字。又硃筆於後一「爲」字上補一「以」字。

「翟慮被堅執鋭救諸侯之患，盛，然後一夫之戰。」硃筆於「然後」下增一「當」字。

「子墨子游公尚過於越」云云。硃筆於「游」字旁標「△」符。

「子墨子謂公尚過曰：子觀越王之志何若？意越王將聽吾言、用我道，則翟將往。童腹而食，度身而衣，而衣自比於羣臣，不能爲封爲哉，抑越不聽吾言，不用吾道，而我往焉，則是我以義糶也。」硃筆改「用我道」之「我」字作「吾」字，改「童」字爲「量」字。又疑似盧氏於「不能」字間加一「奚」字。又硃筆根批：「糶。」

「夫鬼神之所欲於人者多，欲人之處高爵實祿則以讓賢也，多財則以分貧也，夫鬼神豈唯擢季拑肺之爲欲哉？」硃筆於「擢季拑肺」四字旁標「△」符，並硃筆根批：「擢季拑肺。」又硃筆於正文「季」字旁標「×」符，並硃筆根批：「『季』或是『香』。」

「彭輕生子曰：『往者可知，來者不可知。』子墨子曰：『籍設而親在百里之外，則遇難焉，期以一日也，及之則生，不及則死。今有固車良馬於此，又有奴馬四隅之輪於此，使子擇焉，子將何乘？』對曰：『乘良馬固車，可以速至。』子墨子曰：『焉在矣來！』」硃筆改「籍」字爲「藉」字。另疑似盧氏硃筆於「在矣」二字旁標「：」符，並硃筆旁批：「不知。」將「焉在矣來」改爲「焉不知來」。又注：「似『不知來』爲句。」

「越人迎流而進，順流而退，見利進，見不利其退速。越人因此若執函敗楚人。」硃筆於「函」字旁標「△」符。另疑似盧氏硃筆於「執函」二字旁批：「執亟。」

「子墨子謂公輸子曰：子之爲誰也，不如翟之爲車轄。須臾劉三寸之木，而任五十石之重。」硃筆於「劉」字旁標「△」符。

「子務爲義，翟又將與子天下。」硃筆改「與」字爲「予」字。

公輸第五十

「子墨子曰：北方有悔臣，願藉子殺之。」硃筆於「臣」字下補「者」字，「願」字上補「臣」字。

「子墨子起，再拜曰：請說之。吾從北方方聞子爲梯，將以攻宋。」硃筆於「梯」字前增「雲」字。

「子墨子見王，曰：今有人於此，舍其文軒，鄰有短褐，而欲竊之，舍其梁肉。」硃筆於「鄰」字上標「乀」符，旁增：「鄰有敝轝而欲竊之，舍其錦繡。」

「子墨子曰：荆之地，方五千里，此猶文軒之與敝也。」硃筆於「五千里」下增「宋方五百里」五字。

「荆有長松、文梓、梗柟、豫章，宋無長木，此猶錦繡之與短褐也。」硃筆改「梗」字爲「楩」字。

「楚曰：『善哉！吾請無攻宋矣』。」疑似盧氏硃筆於「楚」字下補「王」字。

「子墨子歸，過宋，天雨，庇其閭中，守閭者不內也。」硃筆旁圈「守閭者不內也」六字。

墨子卷之十四

備城門第五十二

硃筆於題下批：「其中凡『亦』字皆『其』字之訛。」

「禽滑釐對曰：今之世常所以攻者，臨、鉤、衝、梯、堙、水、穴、窔、空洞」云云。硃筆倒「鉤、衝」作「衝、鉤。」又硃筆根批：「窔」。

「子墨子曰：我城池修，守器具，推粟足，上下相親，又得四鄰諸侯之救，此所以持也。且守者雖善，則若不可以守也。」硃筆於「推」字旁標「×」符，並硃筆根批：「推。」又於「則」字上標「㇏」符，表示疑有脫文。

「故凡守城之法，備城門，爲縣沉機，長二丈，廣八尺，爲之兩相如。問扁數，令相接三寸，施士扁上，無過二寸」，「塹之末爲之縣，可容一人所。」硃筆於「縣沉」二字旁標「△」符，並硃筆根批：「縣沉。」又硃筆於「問」字旁標「×」符，並改爲「門」字。又於「士」字旁標「×」符。又於「未」字旁批：「末。」另疑似盧氏硃筆於「扁」字旁批：「扇。」

「容至，諸門戶皆令鑿而慕孔孜之，各爲二幕。」硃筆於「慕孔孜」三字旁標「△」符，並硃筆根批：「慕孔孜，慕，似卽下之『幕』字。『幕孔』，似謂遮其竅眼。」

「門扇薄植，皆鑿半尺，一寸一涿弋」云云。硃筆於「涿」字旁標「△」符，並硃筆根批：「涿。」

「城門上所鑿以救門火者，各一垂水，火三石以上，小大相雜。」硃筆於「垂」字旁標「△」符，於「火」字旁標「×」符，並硃筆根批：「此『火』字仍是『水』字。」

「梳關關二尺，梳關一莧，封以守印，時令人行貌封，及視關人桓淺深。」硃筆於「莧」字旁標「△」符，並硃筆根批：「莧。」又於「桓」字旁標「△」符，並硃筆根批：「桓。」

「城上二步一渠，渠立程丈三尺。」硃筆於「渠」字旁標「△」符，並硃筆根批：「渠。」又硃筆改「丈」字爲「長」字。

「冠長十尺，辟長六尺，二步一答，廣九尺，表十二尺。」硃筆於「冠」、「辟」、「答」字旁標「△」符。又硃筆於「表」字旁批：「衺。」另疑似盧氏硃筆於「辟」字旁批：「臂。」

「二步一木弩，必射五十步以上。及多爲矢，節毋以竹箭，楛、趙、搜榆，可。」硃筆於「楛」字旁批：「箭笴。」於「搜」字旁標「△」符，並硃筆旁批：「『搜』恐是『樜』，即『拓』。」又硃筆根批：「『搜』，字書無『搜』，有『𣘨』，他各切。」

「蓋求齊鐵夫，播以射衝及櫳樅。」硃筆於「衝」、「櫳」、「樅」三字旁標「△」符，並硃筆根批：「衝，火衝切。櫳。樅。」

「五步積狗屍五百枚。」硃筆於「狗屍」二字旁標「△」符。又硃筆根批：「狗屍。」

「三十步置坐候樓，樓出於堞四尺，廣三尺，廣四尺，板周三面，密傳之，夏蓋亦上，五十步一藉車，」「百步一櫳樅，起地高五丈，三層。」硃筆於「廣三尺，廣四尺」旁批：「二『廣』字有一訛。」改「傳」字爲「傅」字。又硃筆於「亦」字旁批：「丌。」又硃筆於「藉車」二字旁標「△」符，並硃筆根批：「藉車。」又於「櫳樅」二字旁標「△」符。另疑似盧氏硃筆於上「廣」字旁標「×」符，於下「廣」字上增一「下」字。

「亦上稱議衰殺之。」硃筆於「亦」字旁批：「丌。」

「百步一木樓，樓廣前面九尺，高七尺，樓軔居坫，出城十二尺。」硃筆於「軔」「坫」二字旁標「△」符，並硃筆眉批：「『軔』或『轗』之訛。」又硃筆根批：「『軔』，字書無『軔』字。『坫』，字書無『坫』，不知是『坫』是『坧』之訛。」

「百步爲幽瀆，廣三尺、高四尺者千。」硃筆於「幽瀆」二字旁標「△」符，並硃筆根批：「『幽瀆』或是瀆溝以防水。」

「俾倪，廣三尺，高二尺五寸。陛高二尺五，廣長各三尺，遠唐各六尺。」硃筆於「俾倪」二字旁標「△」符，又於「陛」字旁標「△」符，並硃筆根批：「陛。」又於「唐」字旁標「△」符，並硃筆根批：「唐。」

「城上四隅童異，高五尺，四尉舍焉。」硃筆於「童」字旁標「△」符，並硃筆根批：「童異。」

「城上七尺一渠，長丈五，貍三尺，去堞五寸。夫長丈二尺，臂長六尺。」硃筆於「渠」字旁標「△」符，並硃筆根批：「渠。」又於「貍」字旁標「△」符，並硃筆根批：「貍。」於「夫」字旁標「△」符，並硃筆根批：「夫。」

「貍渠、鑿坎，覆以瓦，冬日以馬夫寒，皆待命，若以瓦爲坎。」硃筆於「貍」、「馬夫」字旁標「△」符，並硃筆根批：「馬夫。」

「城上五十步一樓扟。」硃筆於「杋」字旁標「△」符，並硃筆根批：「扟，字書無『扟』字，有『杋』字，木也。」杋音色降切，撞也。」

「士樓百步一，外門發樓，左右渠之。」「城上皆毋得有室，若也可依匿者，盡除去之。」硃筆於

「渠」字旁標「△」符，並硃筆根批：「渠。」又於「依匿」二字旁標「△」符。

「二舍共一井爨，灰、康、粃、杯、馬夫，皆謹收藏之。城上之備，渠譫、藉車、行棧、行樓、到、頡皋、連梃、長斧」云云。硃筆於「杯」字旁標「△」符，並改「杯」字從『木』爲從『米』。」又硃筆於「渠譫」二字旁標「△」符，並硃筆根批：「渠譫。」又於「頡皋」二字旁標「△」符。另疑似盧氏硃筆於「頡」字旁批：「頡。」

「城四面四隅，皆爲高磨𢊍，使重室乎子居卞上候適，視卞能狀。」硃筆於「𢊍」字旁標「△」符，並硃筆根批：『𢊍』字書無，或是『撕』之訛。」又於「卞」字旁標「△」符，並硃筆根批：「卞。」又於「卞能」二字旁標「△」符，並硃筆根批：「能。」

「凡守圍城之法，厚以高，壕也深以廣，樓撕揗，守備繕利，薪食足以交三月以上，人衆以選，吏尺和」，「不然，則有深怨於適而有大功於上。」硃筆於「撕」字旁標「△」符，並硃筆根批：「撕。」又於「尺」字旁標「×」符，並硃筆旁批：「民。」又硃筆於「適」字旁標「×」符。另疑似盧氏硃筆於「適」字旁榜標「△」符，並旁批：「『敵』同。」

「城小人衆，葆離鄉老弱國中及也大城。」硃筆於「也」字旁標「×」符。

「城門内不得有室，爲周官桓吏，四尺爲倪。」硃筆於「桓」字旁標「△」符，並硃筆根批：「桓。」

「墻垣，樹木小大盡壞代，除去之。」硃筆改「代」字爲「伐」字。

「時召三老左葆官中者，與計事得，爲之奈何。」硃筆於「爲」字上標出「㇏」符，並硃筆旁批：「脱。」

「子墨子曰：問穴士之守邪」云云。硃筆改「士」字爲「土」字。

「守法，五十步丈夫十人，丁女二十人，老小十人，計之五十步四百人。」「宕馮面而蛾傳之，主人則先之知，主人利，客適。」硃筆改「五十步」之「十」字爲「千」字，於「蛾」字旁標「△」符，並硃筆根批：「『蛾』即『蟻』字。」又硃筆改「傳」字爲「傅」字。又於「適」字上標「㇏」符，以示疑有脱字。

「城持出必爲明填，令吏民皆智知之。從一人百人以上，持出不操填章，從人非亦故人，乃亦積章也。」硃筆全圈「智」字，又於二「填」字旁標「△」符，並硃筆根批：「填。」硃筆於前一「亦」字旁標「×」符，並旁批：「丌」。又於「積」字旁標「×△」符，並硃筆根批：「積。」

「候望適人，適人爲變，築垣聚土非常者，若彭有水濁非常者，此穴土也，急壍城内，内亦土直之。」硃筆於「彭」字旁標「△」符，並硃筆根批：「彭。」又硃筆改「亦」字爲「丌」字。

「穿井城内，五步一井，傳城足，高地，丈五尺，地得泉三尺而止。令陶者爲罌，容四十斗以上，固順之以薄輅革。」硃筆改「傳」字爲「傅」字，又於「輅」字旁標「△」符，並硃筆根批：「輅，力各切，革縷也。」

「柱之外，善周塗亦傳柱者，勿燒，柱者勿燒，柱善塗亦竇際。」硃筆於後一「亦」字旁標「×」符，並改二「亦」字爲「丌」字，又改「傳」字爲「傅」字。

「置康若疾亦中，勿滿。疾康長五竇，左右俱雜，相如也。」硃筆於二「康」字旁標「△」符，並硃筆根批：「康。」又硃筆改「亦」字爲「丌」字。以下多個「亦」字，均以硃筆改爲「丌」字。

「穴且愚，以頡皋衝之。」硃筆於「愚」字旁批：「遇。」

「然則内士之攻敗矣。」硃筆改「内士」二字爲「穴土」。

「鑿井城上，爲三四井，內新斬井中，」「甗穴高七尺五寸。」硃筆於「斬」字旁標「△」符，並硃筆根批：「斬。」又硃筆於「甗」字旁標「△」符，並硃筆根批：「甗。」

「塗亦上，以穴高下廣陳爲度。」硃筆改「亦」字爲「丌」字。又疑似盧氏硃筆改「陳」字爲「陜」字。

「客爭伏門，轉而塞之。爲窯客三員艾者，令亦宎人伏尸，伏付宎。」疑似盧氏改後「客」字爲「容」字，改「亦」字爲「丌」字，於二「宎」字旁批：「突。」於「付」字旁批：「傅」。

「寇闉池來，爲作水甬，深四尺，堅慕貍之。」硃筆於「闉」字旁標「△」符，並硃筆根批：「闉。」又於「慕貍」二字旁標「△」符。

「涿代，代長七寸，我間六寸，剡亦未。」硃筆於「涿」字旁標「△」符，並硃筆根批：「涿，前『潒』字當卽此『涿』。此『代』當卽前『弋』。」又硃筆於「我」字旁標「△」符，並改「亦」字爲「丌」字，改「未」字爲「末」字。

備高臨第五十三

「禽子再拜再拜曰：敢問適人積土爲高，以臨吾城，薪土俱上，以爲羊黔，蒙櫓俱前，遂屬之城，兵弩俱上，爲之奈何？」硃筆於「羊黔」二字旁標「△」符，並硃筆根批：「羊黔。」

「備矣臨以連弩之車，杖大方一方一尺，長稱城之薄厚。」硃筆旁點「備矣」二字。

「矢長十尺，以繩□□矢端，如如弋射，以唐鹿卷牧。」硃筆根批：「『唐』，字書無此，有『唐』字。『鹿』，字書有『鹿』字，音『鹿』，倉庚也。」

「十人主此車，遂具寇，爲高樓以射道，城上以荅羅矢。」硃筆旁圈「以荅羅矢」四字，又於

「答」字旁標「△」符，並硃筆根批：「答。」

備梯第五十六

「禽滑釐子事子墨子三年，手足胼胝，面目黧黑，役身給使，不敢問欲。子墨子其哀之」云云。硃筆改「胝」字爲「胝」字，改「其」字爲「甚」字。

「子墨子曰：『亦何欲乎？』」硃筆於「亦」字旁批：「尔。」

「禽子再拜再拜曰：『敢問守道』。子墨子曰：『姑亡姑亡，古有亦術者，內不親民，外不約治，以少閒衆，以弱輕強，身死國亡，爲天下笑，子亦愼之。恐爲身薑。』」硃筆改前一「亦」字爲「丌」字，又於「薑」字旁標「△」符，並硃筆根批：「薑。」

「『敢問客衆而勇，煙資吾池，軍卒並進，雲梯既施，攻備已具，武士又多，爭上吾城，爲之奈何？』子墨子曰：『問雲梯之邪？雲梯者，重器也，亦動移甚難。』」硃筆於「煙資」二字旁標「△」符，並硃筆根批：「煙資。」又硃筆於「之邪」二字間補一「守」字。又於「亦」字旁批：「丌。」下文複有數處「亦」字爲「其」字之訛，皆硃筆旁批：「丌。」

「載之門一火，皆立而持鼓而撚火。」疑似盧氏硃筆於「持」字旁批：「待。」

「因素出兵施休，夜半城上四面鼓噪，適人必或有此必破軍殺將。」疑似盧氏硃筆於「休」字旁批：「伏。」

「以白衣爲服，以號相得，若也，則雲梯之攻敗矣。」疑似盧氏硃筆將「也」字校改爲「此」字。

備水第五十八

「視水可決，以臨轒轀，決外堤。城上爲射檥，疾佐之。」硃筆於「轒轀」二字旁標「△」符，並硃筆根批：「轒轀。」又於「檥」字旁標「△」符，並硃筆根批：「檥。」

備突第六十一

「城百步一突門，突門各爲窯竈，竇入門四五尺，爲亦門上瓦屋，令水潦能入門中。」硃筆於「窯」字旁標「△」符，並硃筆根批：「窯。」

備穴第六十二

「禽子再拜再拜曰：敢問古人有善攻者，穴土而入，縛柱施火，以壞吾城，城壞，或中人，大鋋前長尺，蚤長五寸，兩鋋交之，置如平。不如平不利，兌亦兩未。」硃筆於「大」字前標出「㇏」符，以示疑有缺文。又硃筆改「未」字爲「末」字。又硃筆改「亦」字爲「丌」字。以下多處「亦」均改爲「丌」字。

「爲斬縣梁，聆穿，斷城以板橋」云云。硃筆於「聆」字旁標「△」符，並硃筆根批：「聆。」

「城上百步一樓，樓四植，植皆爲通舄，下高丈，上九尺，廣喪各丈六尺。」硃筆改「喪」字爲「長」字。

「夫長以城高下爲度，置火亦未。」硃筆改「未」字爲「末」字。改「亦」字爲「丌」字。

「渠長丈六尺，夫長丈，臂長六尺，亦狸者三尺，樹渠毋傑堞三尺。」硃筆於「狸」字旁標

「△」符，並硃筆根批：「狸。」另一硃筆改正文「狸」字爲「貍」字。又硃筆於「倮」字旁標「△」符，並硃筆根批：「倮。」又改「亦」字爲「丌」字。

「城上隔，棧高丈二，剡亦一未。」硃筆改「未」字爲「末」字。又改「亦」爲「丌」字。

「以火與爭，鼓槖。馮埴外內」云云。疑似盧氏硃筆將「槖」字改爲「橐」字。

「弩半，爲狗犀者環之。」硃筆於「狗犀」二字旁標「△」符，並硃筆根批：「狗犀。」

「俚兩罌，深平城，置板亦上，⿰貝冊板以井聽。」硃筆於「亦」字旁標「×」符，並改爲「丌」。又於「⿰貝冊」字旁標「△」符。

「用⿰扌留若松爲穴戶，戶穴有兩蒺蕀，皆長極亦戶，戶爲環，壘石外埻。」硃筆於「⿰扌留」字旁標「×」符，並硃筆根批：「⿰扌留。」又硃筆於「埻」字旁標「△」符，並硃筆根批：「埻。」又改「亦」字爲「丌」字。

「出入具鑪槖，槖以牛皮。」疑似盧氏硃筆改二「槖」字爲「橐」字。

「每亦熏四十什，然炭杜之，滿鑪而蓋之，毋令氣出。」硃筆於「亦」字旁標「×」符。

「穴高若下不至吾穴，即以伯鑿而求通之。」硃筆於「伯鑿」二字旁標「△」符。

「穴中於適人遇，則皆圉而毋遂，且戰北，以須鑪火之然也。」硃筆於「圉」字旁標「△」符。

「有⿰亻鼠⿰阝鼠爲之戶及關籥獨順，得往來行亦中。」硃筆於「⿰亻鼠」、「⿰阝鼠」二字旁標「△」符，並硃筆根批：「⿰亻鼠。⿰阝鼠。」又硃筆改「亦」字爲「丌」字。

「爲鋈、木𡱆，𡱆有慮枚，以左客穴。」硃筆於「鋈」「𡱆」三字旁標「△」符，並硃筆根批：「鋈。」

「爲穴，高八尺，廣，善爲傳置，具全牛交槖，皮及⿰土去。」硃筆於「⿰土去」字旁標「△」符，並硃筆根批：「⿰土去。」又於「稾」字旁標「：」符，以示此字有誤。

「以斧金爲斫，杘長三尺。」硃筆於「杘」字旁標「△」符，並硃筆根批：「杘。」

「爲橫穴八櫓，葢具稾枲。」硃筆於「葢」字旁標「△」符，並硃筆根批：「葢。」又於「稾」字旁標「：」符，以示有誤。

「蓋持醖，客卽爊，以救目。救目，分方鑿穴，以益盛醖置穴中，丈盆毋少四斗，卽熏，以自臨醖上，及以沺目。」硃筆於三「醖」字旁標「△」符，並硃筆根批：「醖。」又硃筆於「沺」字旁標「△」符，並硃筆根批：「沺。」又於「益」字旁標「：」符。

備蛾傳第六十三

硃筆於題下改「傳」字爲「傅」字，於「蛾」字旁標「△」符，並硃筆根批：「蛾。」

「禽子再拜再拜曰：敢問敵人强弱，遂以傳城，後上先斷，以爲⿰氵⿱土口程」云云。硃筆於「⿰氵⿱土口」字旁標「△」符，並硃筆根批：「⿰氵⿱土口。」又硃筆改「傳」字爲「傅」字。

「子墨子曰：子問蛾傳之守邪？蛾傳者，將之忿者也。守爲行臨射之，校機藉之，擢之，太氾迫之。」硃筆改二「傳」字爲「傅」字。又硃筆於「蛾」字旁標「△」符，並硃筆根批：「蛾。」又硃筆於「氾」字旁標「△」符，並硃筆根批：「氾。」

「備蛾傳爲縣脾，以木板厚二寸，前後三尺，旁廣五尺，高五尺，而折爲下磨車，轉徑尺六寸。令一人操二丈四方，刃其兩端，居縣脾中，以鐵瓅敷縣，二脾上衡。」硃筆改「傳」字爲「傅」字。又硃筆於「蛾」、「脾」二字旁標「△」符，並硃筆根批：「脾。」

「以車兩走，軸間廣大以圉，犯之，融其兩端，以束輪」云云。硃筆於「融」字旁標「△」符，並硃筆根批：「融。」

「斧，柄長六尺，刃必利，皆葬，其一後。」硃筆於「葬」字旁標「△」符，並硃筆根批：「葬。」

「答廣丈二尺」，「答樓不會者以牒塞，數暴乾答爲格。」硃筆於三「答」字旁標「△」符，並硃筆根批：「答。」

「堞惡疑壞者，先貍木十尺，一枚一，節壞，斲植以押慮盧薄於木」云云。硃筆於「貍」字旁標「△」符，並硃筆根批：「貍。」又硃筆於「斲」字旁標「△」符，並硃筆根批：「斲。」

「數施一擊而下之，爲上下釫而斲之。」硃筆於「釫」、「斲」二字旁標「△」符，並硃筆根批：「釫，戶吳切，又胡瓜切，鍬也。斲，字書無。」

「爲前行行棧、縣答」，「土，五步一，毋其二十畾。爵穴，十尺一，下壤三尺，廣其外。轉牖城上」云云。硃筆於「答」、「毋」二字旁標「△」符，又於「牖」字旁標「△」符，並硃筆根批：「牖。」

「凡殺蛾傳而攻者之法，置薄城外」，「二十步一殺，有壙，厚十尺。」硃筆改「傳」字爲「傅」字。又硃筆於「薄」字、「壙」字旁標「△」符，並硃筆根批：「壙。」

「傳令敵人盡人」，「皆立而侍鼓音而然。」疑似盧氏硃筆改後一「人」字爲「入」字，改「侍」字爲「待」字。

「敵引哭而榆，則令吾死士左右出穴門擊遺師」，「夜半而城上四面鼓噪，敵之必或，破軍殺將。」硃筆於「榆」字旁標「△」符，並硃筆根批：「榆。」又硃筆於「之」字前標「乀」符，旁批：「有缺。」

墨子卷之十五

迎敵祠第六十八

「敵以東方來，迎之東壇，壇高八尺，堂密八」，「敵以西方來，迎之西壇，壇高九尺，堂密九。」硃筆於二「密」字旁標「△」符，並硃筆根批：「密。」

「舉巫、醫、卜有所，長具藥宮之，善爲舍。」「巫、卜以請守，守獨智巫、卜望之氣請而已。」硃筆於「宮」、「卜」、「請」三字旁標「△」符。並硃筆根批：「請。」又硃筆改「智」字爲「知」字，於「氣請」二字旁標「△」符。

「設守門，三人掌右闔，二人掌左闔，四人掌閉，百甲坐之。」硃筆於二「闔」字旁標「△」符，並硃筆根批：「闔。」

「城之外，矢之所還，壞其墻，無以爲客菌。」硃筆旁圈「墻無以爲客」五字，又於「菌」字旁標「△」符，並硃筆根批：「菌。」

「狗彘豚雞食其宎，斂其骸以爲醢，腹病者以起。」硃筆於「宎」字旁標「△」符，並硃筆根批：「宎。」另疑似盧氏硃筆於「宎」字旁批：「『肉』同。」

「城之內，薪蒸廬室，矢之所還，皆爲之塗菌。」硃筆旁圈「皆爲之塗菌」五字，並硃筆根批：「菌。」

「所以闔客之氣也，所以固民之意也，故時諺則民不疾矣。」硃筆於二「諺」字旁標「△」符，並硃筆根批：「諺，千紺切，相怒使之。」

「二參子尚夜自廈，以勤寡人」，「百官具御，乃斗，鼓於問，」「乃下，出挨，升望我郊。」硃筆於「廈」字旁標「△」符，並硃筆根批：「廈。」又硃筆於「斗」字旁標「△」符，並硃筆根批：「斗。」又硃筆改「問」字爲「門」字。又硃筆於「挨」字旁標「△」符，並硃筆根批：「挨。」

旗幟第六十九

「守城之法，木爲蒼旗，火爲赤旗」，「弩爲狗旗，戟爲莁旗」云云。硃筆於「莁」字旁標「△」符，並硃筆根批：「莁。」

「七舉五幟到六城鼓，八舉六幟乘六城半，」疑似盧氏硃筆改二「六」字爲「大」字。

「城爲隆，長五十尺。」硃筆於「隆」字旁標「△」符，並硃筆根批：「隆。」

「城上吏卒置之背，卒於頭上，城下吏卒置之眉，在他於左眉，中軍置之之胷。」硃筆於二「置」字旁標「△」符，並硃筆根批：「置。」又於二「眉」字與「胷」字旁標「△」符。

「道廣三十步，於城下夾階者各二，其井置鐵𤮘」硃筆於「𤮘」字旁標「△」符，並硃筆根批：「『𤮘』當作『罐』。」

「爲民圂，垣高十二尺以上。」硃筆於「圂」字旁標「△」符，並硃筆根批：「圂。」

「巷術周道者，心爲之門」，「城上吏卒民男女，皆葕異衣章微，令男女可知。」硃筆於「心」字旁標「△」符，並硃筆根批：「心。」又硃筆於「心」字旁標「△」符。又硃筆於「葕」字旁標「△」符，並硃筆根批：「葕，千線切，不斷也。」

「斬卒，中教解前後左右，卒勞者更休之。」硃筆於「斬」字旁標「△」符，並硃筆根批：「斬。」

號令第七十

「爲符者曰養吏一人，辨護諸門。門者及有守禁者，皆無令無事者得稽留心其旁，不從令者戮。」硃筆旁圈「皆無令無事者得稽留心其旁」十二字。

「視敵之居曲衆少而應之，此守城之大體也。其不在此中者，皆心術與人事參之。」硃筆旁圈「皆心術與人事參之」八字。

「凡守城者，以函傷敵爲上，其延日持久以待救之至，明於守著也，不能此，乃能守城。」硃筆於「函」字旁標「△」符，並硃筆根批：「函。」又硃筆於「能」字旁標「×」符。疑似盧氏硃筆於「函」字旁標「×」符，並旁批：「亟。」

「門將幷守他門」云云。硃筆於「他門」二字旁標「△」符，並硃筆根批：「他門。」

「女郭、馮垣一人一人守之。使重字子。五十步一擊。」硃筆於「重字」二字旁標「△」符，並硃筆根批：「重字。」另一硃筆於「字」字旁標「×」符。

「以苛往來不以時行、行而有他異者，以得其姦。」硃筆於「苛」字旁標「△」符，並硃筆根批：「苛。」硃筆於「苛」、「得」二字旁標「△」符。

「里缶與皆守宿里門」云云。硃筆於「缶」字旁標「△」符，並硃筆根批「『缶』當是『正』。古『正』作『𤴓』，『𤴓』易訛作『缶』也。」

「姦民之所謀爲外心，罪車裂。缶與父老及吏主部者不得，皆斬。之，除。」硃筆於「缶」字旁標「△」符，並硃筆根批：「缶。」又硃筆於「之」字上標出「㇏」符，以示有脫字，另疑似盧氏硃筆於「之」字上補「得」字。

「慎無敢失火，失火者斬其端，失火以爲事者車裂。」「吏部函令人謁之大將」云云。硃筆於「端」字旁標「△」符，並硃筆根批：「端失火。」又硃筆於「函」字旁標「△」符，並硃筆根批：「函。」另疑似盧氏硃筆於「函」字旁批：「亟。」

「敵人卒而至，嚴令吏民無敢讙囂、三最並行。」硃筆於「最」字旁標「△」符，並硃筆根批：「最。」

「官吏、豪傑與計堅者守，十人及城上吏北五官者，皆賜公乘。」硃筆於「比」字旁標「△」符，並硃筆根批：「比。」又硃筆改「北」字爲「比」字。

「守必謹微察視謁者、執盾、中涓及婦人待前者志意、顔色、使令、言語之請。」硃筆於「請」字旁標「△」符，並硃筆根批：「請。」

「及上飲食，必令人嘗，皆非請也，擊而請故。」硃筆旁圈「皆非請也，擊而請故」八字，又於「請」字旁標「△」符。

「先估有功有能，其餘皆以次立。」硃筆於「估」字旁標「△」符，並硃筆根批：「估。」

「爲人下者常司上之，隨而行，松上不隨下。」硃筆於「松」字旁標「△」符，並硃筆根批：「松。」

「與階門吏爲符，符合，入，勞；符不合，牧，守言。」硃筆於「牧」字上旁標「㇏」符，並硃筆旁批：「有脫。」

「宿鼓在守大門中，莫，令騎若使者、操節閉城者，皆執毚。」硃筆於「毚」字旁標「△」符，並硃筆根批：「㲋。」

「諸吏卒民非其部界而擅入他部界，輒牧」，「不牧而擅縱之，斷。」硃筆改二「牧」字爲「收」字。

「諸卒民居城上者，各葆其左右，左右有罪而不智也，其次伍有罪。」硃筆改「智」字爲「知」字。

「若能身捕罪人若告之吏，皆構之。若非伍而先知他伍之罪，皆倍其構賞。」硃筆於二「構」字旁標「△」符。

「城外令任，城內守任。」硃筆於「令」字與「守」字旁標「△」符。

「諸可以便事者，函以疏傳言守。吏卒民欲言事者，函爲傳言。」硃筆於二「函」字旁標「△」符，並硃筆根批：「函。」另疑似盧氏硃筆於前一「函」字旁批：「亟。」

「諸以衆疆凌弱少及彊姧人婦女，以讙譁者，皆斷。」硃筆改「疆」字爲「彊」字。

「傳令里中有以羽」云云。硃筆於「羽」字旁標「△」符，並硃筆根批：「羽。」

「吏卒民無符節而擅入里巷官府，吏、三老、守閭者失苛心，皆斷。」硃筆於「苛」字旁標「△」符，並硃筆根批：「苛心。」另疑似盧氏硃筆於「心」字旁標「×」符，並硃筆旁批：「止。」

「吏卒民各自大書於傑，著之其署同，守案其署，擅入者，斷。」硃筆於「傑」字旁標「×」符，並硃筆根批：「『傑』當是『櫟』。」

「城上曰壹發席蓐，令相錯發。」硃筆於「曰」字旁批：「日。」

「守以令益邑中豪傑力鬭諸有功者，必身行死傷者家以弔哀之，身見死事之後。」硃筆旁圈「身見死事之後」六字。

「城圍罷，主函發使者往勞。」硃筆於函字旁標「△」符，並硃筆根批：「函。」另疑似盧氏硃筆於「函」字旁批：「亟。」

「城下理中家人皆相葆」云云。硃筆改「理」字爲「里」字。

「城禁：使、卒、民不欲寇微職和旌者，斷。」「人自大書版，著之其署鄗。」硃筆於「微職」二字旁標「△」符，並硃筆根批：「微職。」又硃筆於「鄗」字旁批：「卽『隔』。」

「守人臨城，必謹問父老、吏大夫，請有怨仇讎不相解者，召其人，明白爲之解之。」硃筆於「請」字旁標「△」符，並硃筆根批：「請。」

「守必自異其入而藉之，狐之。」硃筆於「狐」字旁標「△」符，並硃筆根批：「『狐』字定訛。」另一硃筆改「入」字爲「人」字。

「巫、祝、史與望氣者必善言告民，以請報守上。」硃筆於「請」字旁標「△」符。

「度食不足，食民各自占家五種石升數，爲期，其在尃害。」硃筆於「尃」字旁標「△」符，並硃筆根批：「尃。」

「有能捕告，賜什三。牧粟米、布、錢金，出內畜產，皆爲平直其賈。」疑似盧氏硃筆改「牧」字爲「收」字。

「守宮三難，外環隅爲之樓，內環爲樓，樓入葆宮丈五尺爲復道。」硃筆於「難」字旁標「△」符，並硃筆根批：「三難。」

「奉資之如前候，反相參審信，厚賜之。」硃筆於「信」字旁標「△」符。

「其不欲受賞而欲爲利者，許之。三石之候，扞士受賞賜者，守必身自致之。」硃筆於「利」字旁批：「吏。」又硃筆於「三」字下增「百」字，於「候」字前增「吏」字。
「候者曹無過三百人，日暮出之，爲微職。」硃筆於「微職」二字旁標「△」符，並硃筆根批：
「微職。」
「空隊、要塞之人所往來者，令可□，迹者無下里三人，平而迹。」「迹坐擊缶期，以戰備從麾所指。」硃筆於「而」字上補「旦」字，於「缶」字旁標「△」符。
「諸可以攻城者，盡內城中，令其人各有以記之，事以各其記取之。事爲之券。」硃筆於「事」字下增一「已」字，並將「以各」二字顛倒爲「各以。」
「無敢有樂器、弊騏軍中。」硃筆旁圈「無敢有樂器」五字。
「環守宮之術衢，置屯道，各垣其兩旁，高丈，爲埤院。立初雞足置。」硃筆旁圈「雞足」二字，並硃筆根批：「雞足。」
「屯陳、垣外術街皆樓，高臨里中，樓一鼓、聾竈。」硃筆於「聾竈」二字旁標「△」符。

雜守第七十一

「禽子問曰：客衆而勇，輕意見威，以駭主人。薪土俱上，以爲羊坽」云云。硃筆於「坽」字旁標「△」符，並硃筆根批：「坽，力丁切，峻岸也。坽，丘錦切，坎也，坑也。此不知是『坽』是『坽』。」
「凡待煙、衝、雲梯、臨之法，必廣城以禦之。曰不足，則以木椁之。」硃筆於「椁」字旁標「△」符，並硃筆根批：「椁。」
「繁下失石、沙、炭以雨之。」硃筆改「失」字爲「矢」字。

「恚癒高憤，民心百倍」云云。硃筆於「癒」字旁標「△」符，並硃筆根批：「癒。」

「渠長丈五尺，其理者三尺，矢長丈二尺。」硃筆於「理」字旁標「×」符。

「渠廣丈六尺，其弟丈二尺。」硃筆於「渠」字旁標「△」符。另一硃筆於「弟」字旁標「：」符，以示疑訛。

「梯渠十丈一梯。渠答大數，里二百五十八，渠答百二十九。」硃筆於「渠答」二字旁標「△」符。

「諸外道可要塞難寇，其甚害者爲築三亭，亭三隅，織女之。」硃筆於「三隅」二字旁標「△」符。並旁圈「織女之」三字，又硃筆根批：「『織女之』，文章好如此。」

「令能相救。諸詎阜、山林、溝瀆，丘陵、阡陌」云云。硃筆於「詎」字旁標「△」符，並硃筆根批：「『詎』後作『距』是。」

「候無過五十，寇至隨葉去，唯弇逮。」硃筆於「葉」字旁標「△」符，並硃筆旁批：「『棄』之訛。」

「使人各得其所長，天下事當鈞其分職，天下事得皆其所喜。」硃筆倒「得皆」二字作「皆得」。

「至主國正，其事急者引而上下之。」疑似盧氏硃筆於「正」字旁批：「止。」

「又以又屬之，言寇所從來者少多。」疑似盧氏改後「又」字爲「人」字。

「望見寇，舉一烽，入境，舉二烽，射妻，舉三烽一藍。」硃筆於「妻」字、「藍」字旁標「△」符，並硃筆根批：「妻。藍。」

「田者男子以戰備從斥，女子函走入。」硃筆於「函」字旁標「△」符，並硃筆根批：「函。」另疑似盧氏硃筆於「函」字旁批：「亟。」

「升食，終歲三十六石。」硃筆於「升」字旁標「△」符，並硃筆於「歲三十六石」旁批：「月三石。」另疑似盧氏硃筆於「升」字旁批：「斗。」

「參食，終歲二十四石。」硃筆於「參」字旁標「△」符，並硃筆於「歲」字旁批：「月二石。」

「四食，終歲十八石。」硃筆於「四」字旁標「△」符，並硃筆旁批：「月石五斗。」

「五食，終歲十四石升」。硃筆於「五」字旁標「△」符，並硃筆旁批：「月石斗六升六合零。」

「六食，終歲十二石。」硃筆旁批：「月石。」

「寇近，函收諸雜鄉金器」云云。硃筆於「函」字旁標「△」符，並硃筆根批：「函。」另疑似盧氏硃筆於「函」字旁批：「亟。」

「入柴，勿積魚鱗簪，當隊，令易取也。」硃筆於「魚鱗簪」三字旁標「△」符，並硃筆根批：「魚鱗簪。」

「諸木大者皆以爲關鼻，乃積聚之。」硃筆於「關鼻」二字旁標「△」符，並硃筆根批：「關鼻。」

「其人坐其下，吏曰五閱之。」疑似盧氏於「曰」字旁硃筆批：「日。」

「池水廉有要有害，必爲疑人。」硃筆於「廉」字旁標「△」符，並硃筆根批：「廉。」

「節出，使所出門者，輒言節出時摻者名。」硃筆於「摻」字旁標「△」符，並硃筆根批：「摻。」

「常令邊縣豫種畜芫、芸、烏喙、袾葉。」硃筆於「袾」字旁標「△」符，並硃筆根批：「芫。」

芸。裞。」

「寇至，諸門戶令皆鑿而類竅之。」硃筆於「類竅」二字旁標「△」符，並硃筆根批：「類。」

「寇至，先殺牛、羊、雞、狗、烏、雁，牧其支革、筋、角、脂、𠛏、羽。彘皆剝之。」硃筆於「𠛏」字旁標「△」符，又硃筆根批：「𠛏。」另疑似盧氏硃筆改「牧」字爲「收」字，改「支」字爲「皮」字。又硃筆眉批：「𠛏，即腦。」

「吏樳桐卣，爲鐵錍。」硃筆根批：「樳。『卣』，無此字。錍。」

「睨者小五尺不可卒者，爲署吏。」硃筆於「小五尺」旁批：「此是謂短人。」

「藺石、厲矢、諸林器用皆謹部，各有積分數。」硃筆於「藺」字旁標「△」符，並硃筆根批：「藺。」另疑似盧氏硃筆於「林」字旁批：「材。」

「爲解車以枱」云云。硃筆於「枱」字旁標「△」符，並硃筆根批：「枱，弋之切，耒端木也。」

「城矣，以軨車，輪軲，廣十尺。」硃筆於「矣」字旁標「×」符，於「軲」字旁標「△」符，並硃筆根批：「『軲』，字書無。」

「子墨子曰：凡不守者有五：城大人少，一不守者；城小人衆，二不守也。」硃筆於「一不守者」之「者」字旁批：「也。」

卷六十二　管子批注[一]（上）

書首墨筆批：「（前缺）王五年，惠王二十六年，[二]襄王三十三年，頃王六年，匡王六年，定王二十一年。」

管子文評

「蘇子瞻曰：蓋王者之兵，出於不得已，而非以求勝敵也。」硃筆旁批：「敵豈可不勝？」

「黃震日鈔曰：心術、内業等篇，皆影附道家以爲高。」硃筆旁批：「老黃不得如此。」

「以四傷名七法之篇」。硃筆旁批：「二卷。」

「幼官篇」。硃筆旁批：「三卷。」

「乃釋云，無禽獸之行。」硃筆旁批：「六通。」

「不璋兩原，則刑乃繁。」墨筆眉批：「璋。」

「以家爲鄉」云云。墨筆眉批：「六親五法。」

「故知時者，可立以爲長。」硃筆眉批：「知。」

〔一〕此篇據山西博物院藏批點手稿整理。底本爲明萬曆十年吳郡趙用賢刊本。缺佚三十篇。由吳連城先生釋文，谷錦秋重校。

〔二〕周惠王在位應爲二十五年。

「右六親五法。」硃筆旁批：「六親五法不知何義。」

形勢第二

「山高而不崩，則祈羊至矣。」墨筆眉批：「祈羊。」

「抱蜀不言，而廟堂既修。」墨筆眉批：「抱蜀。」

房玄齡注：「蜀，祠器也。」墨筆眉批：「蜀，祠器，不知何本。」

「唯夜行者獨有也。」墨筆眉批：「夜行。鶡冠子『聖人貴夜行』。」

「譕臣者，可以遠舉。」墨筆眉批：「譕。」

「譕臣者，可以遠舉；顧憂者，可與致道；其計也速，而憂在近者，往而勿召也。」墨筆眉批：「計速憂近已與上文譕臣、顧憂反。」

「曙戒勿殆，後穉逢殃。」墨筆眉批：「後穉。」

「有聞道而好爲家者，一家之人也；有聞道而好爲鄉者，一鄉之人也。」墨筆眉批：「此即前篇以家爲鄉之義。」

「有聞道而好定萬物者，天下之配也。」墨筆眉批：「天下之配，當是天地之配。然下即是地，但因上下虛字專之，遂覺須作地字，與上『天下』句有别耳。」

「生棟覆屋，怨怒不及；弱子下瓦，慈母操箠。」房注：「言人以生棟造舍」，〔二〕至「喻人主過由己作，雖大而吞聲；過發他人，雖小而振怒也。」硃筆眉批：「房此注還成文義？」又墨筆眉

〔二〕「生」，傅山全書初版本誤作「坐」，據批點底本改。

批：「過由己而雖大吞聲，過由人而雖小振怒，解亦有理。但與上下文義似倍。〔二〕若斷章，無不可。」「毋告不知」。墨筆眉批：「毋告不知。」又硃筆眉批：「知。」

權修第三

墨筆旁批：「通篇嘽。老生愛之。」

「萬乘之國，兵不可以無主。」房注：「無所主則無所統一也。」硃筆旁批：「不勞。」

「百姓殷衆，官不可以無長。」房注：「無長則無所禀令也。」硃筆旁批：「不勞。」

「民衆而兵弱者，民無取也。」房注：「兵無主，故無所取則。」硃筆旁批：「左了。」又墨筆眉批：「取。」

「商賈在朝，則貨財上流。」墨筆眉批：「商賈在朝，貨財上流。」

「上好詐謀閒欺」。墨筆眉批：「閒欺。」

「有獨王者」。墨筆眉批：「獨王。」

「教訓成俗而刑罰省數也。」房注：「所角反。」墨筆眉批：「數，入聲，則省字非句，當一句讀下。」

〔二〕「但」，傅山全書初版本誤作「旦」，據手稿改。

立政第四

「故德厚而位卑者謂之過，德薄而位尊者謂之失。寧過於君子，而毋失於小人。」硃筆眉批：「寧過於君子二句，承上德薄而位卑來。謂寧可使君子之有厚德處乎卑位，不可使小人之薄德者處尊位。」

「大德不至仁，不可以授國柄。」硃筆眉批：「大德不至仁，德如市恩之德，有德色之德，有私得之意。而仁則至公，故爾大德猶言大其德，一味居德以收人心，如陳氏之於齊也。德仁如此看，又與老子失德而後仁反矣。大抵解者，無書不可會通，只就本文大義上理會。」

「分國以爲五鄉，鄉爲之師；分鄉以爲五州，州爲之長；分州以爲十里，里爲之尉；分里以爲十游，游爲之宗；十家爲什，五家爲伍，什、伍皆有長焉。」墨筆眉批：「國、鄉、州、里、游、什、伍。」

「圈屬羣徒」。房注：「衆作役也。」硃筆眉批：「羣徒在圈屬下，自然説不到人役上。」

「有所秎穫」。硃筆眉批：「秎。」

「百工商賈，不得服長鬈貂。」硃筆眉批：「鬈。」

乘馬第五

「汎山」。硃筆眉批：「汎。」

「方六里命之曰暴，五暴命之曰部。」硃筆眉批：「暴。部。」

「十家而連」。硃筆眉批：「連。」

「季絹三十三」。硃筆眉批：「季絹。」

「經暴布百兩當一鎰。」硃筆眉批：「經暴。」

「有邑焉，名之曰央。」硃筆眉批：「央。」

「農耕及雪釋。」硃筆眉批：「雪釋。」

七法第六

「爲兵之數，存乎聚財而財無敵」，至「故兵未出境而無敵者」。硃筆眉批：「八無敵。」

「存乎徧知天下，而徧知天下無敵。」硃筆眉批：「知。」

「財不蓋天下，不能正天下。」房注：「財謂貨財，不能蓋天下，則無以正天下也。」硃筆眉批：「注都不勞。」

「衡庫者，天下之禮也。」硃筆眉批：「衡庫。此禮字不是平常所謂節文之儀。」

「士知勝矣，徧知天下」云云。硃筆眉批：「知。」

「收天下之豪傑，有天下之駿雄。」墨筆眉批：「收天下之豪傑。」

「則不蚤知。」硃筆眉批：「知。」

版法第七

「植固不動，倚邪乃恐。」硃筆眉批：「倚邪乃恐，又似謂倚邪之人恐怖也。」

「倚革邪化。」硃筆眉批：「倚革。」

幼官第八

房注：「幼，始也。陳從始輔官齊政之法。」硃筆旁批：「可惡。注不知說甚。」

「凡物開靜形生理，常至命。」原本以「生」字斷句，傅山以「理」字斷句，並硃筆眉批：「後四季俱有『開靜形生理』之句。」

「九本搏大，人主之守也。」硃筆眉批：「九本，又似承上文九舉之九。」

「練之以散羣傰署」。硃筆眉批：「傰。」

「使二分具本」。墨筆眉批：「二分具本。侈靡篇有『市廛之所及，二依其本』之句。」

「春行夏政，閹。」墨筆眉批：「春行夏政，則洩之太早，而陽氣盡矣，故如閹。」

「十二小卯，出耕；十二天氣下，賜與」云云，「凡物開靜形生理」。硃筆眉批：「卯十二不解。」又墨筆眉批：「賜與及凡物開靜形生理，四季皆同。」又硃筆眉批：「以數計之，每季凡有七个十二日，共八十四日。四季才三百四十六日，還少十四日，不足三百六十之數。」

「十二始卯合男女。」墨筆眉批：「卯合，至今鄉俗猶謂迎親房中合巹爲卯筵。」

「以羽獸之火爨。」墨筆眉批：「羽獸。獸亦加得羽字。」

「藏不忍，行敺養。」墨筆眉批：「不忍。敺養。」

「十二小郢」云云。硃筆眉批：「郢。十二。」

「藏薄純，行篤厚。」墨筆眉批：「薄純。篤厚。」

「秋行秋政，華。」硃筆將下一「秋」字改爲「春」。

「十二小卯」云云。硃筆眉批：「卯。十二。」

「十二始卯合男女。」墨筆眉批：「卯合男女與春同。」

「藏，恭敬；行，摶鋭。」墨筆眉批：「恭敬。摶鋭。」

「信利周而無私」。「周」字旁硃筆批：「害。」

「冬行春政，烝泄。」墨筆眉批：「烝泄。」

「十二小榆」云云。硃筆眉批：「榆。十二。」

「藏，慈厚；行，薄純。」墨筆眉批：「慈厚。薄純。」

「器成於僇，教行於鈔。」墨筆眉批：「僇。鈔。」

「異出入以兩易，明養生以解固。」墨筆眉批：「兩易。」又硃筆眉批：「解固。」

「一會諸侯，令曰，非玄帝之命」，至「九會諸侯」。墨筆眉批：「玄帝。九會之會。」

「共玄官」。「玄」字旁硃筆批：「天。」

「官處四體而無禮者，流之，焉莠命。」墨筆眉批：「莠命。」又硃筆眉批：「流之，句。焉莠命，猶言焉用此無禮之官，使莠亂命令也。」

「置大夫，以爲廷安。」硃筆眉批：「廷安。」

「定聞知勝。」硃筆眉批：「知。」

「故能知未始。」硃筆眉批：「知。」

「數也動，慎十號，明審九章，飾習十器，善習五官，謹修三官。」墨筆眉批：「十號。九章。十器。五官。三官。」

「刑則交寒害鈇」。硃筆眉批：「鈇。」又墨筆眉批：「交寒害鈇。」

「經不知」。硃筆眉批：「知。」

「刑則燒交疆郊」。房注：「其用刑則於疆郊焚燒而交也。」墨筆眉批：「燒交疆郊。『而交也』何說？」

「刑則紹昧斷絕」。墨筆眉批：「紹昧斷絕。」

「兵尚脅盾」。墨筆眉批：「脅盾。」

「刑則游仰灌流」。房注：「其用刑則游縱之所，使仰藥死，而既乃投之於灌流。」墨筆眉批：「游仰灌流如此解，何據？」

幼官圖第九

「十二地氣發」云云。硃筆眉批：「十二。」

「十二小郢至德」云云。硃筆眉批：「十二。」

「十二期風至」云云。硃筆眉批：「十二。」

「十二始寒」云云。硃筆眉批：「十二。」

五輔第十

「上彌殘苟」。劉績注：「苟字乃茍字之誤。」硃筆眉批：「苟字亦可。」

「民知德矣」。硃筆眉批：「知。」

「民知義矣」。硃筆眉批：「知。」
「民知禮矣，而未知務。」硃筆眉批：「知。」
「民知務矣，而未知權。」硃筆眉批：「知。」

宙合第十一

「左操五音，右執五味、此言君臣之分也。」墨筆眉批：「莊子天地篇『以道觀言而天下之君正』，愚謂卽操音之謂也。」
「君失音則風律必流。」硃筆眉批：「莊子『以道觀言』卽此音字之義。」
「減溜大成，是唯時德之節。」墨筆眉批：「減溜兩字雖自解，然晦。大成猶言大造成就之也；此節謂收才待用耳。」
「多備規軸者，成軸也，夫成軸之多也，其處大也不究，其入小也不塞。」墨筆眉批：「軸之所以成，必待規，如今簺也。徒有軸材，而不規之使圓，是方軸也，焉能行？處大，謂軸之在箱底當載處；入小，如軸之穿轂處。」
「適善備也，僊也。」墨筆眉批：「僊。」
「故諭教者，取辟焉。」墨筆眉批：「此辟字但讀作譬如之辟，謂教人才之法，取譬於成軸。」
「所謂是而無非，非而無是」云云。墨筆眉批：「是而無非一節，以單辨正與邪之兩造者。」
「有不可，先規之」。房注：「先以恩義令息改也。」硃筆眉批：「規字必括恩字，亦未盡然。」
「將卒而不戒」。墨筆眉批：「戒如戒嚴之戒。」

「物至而對形」。墨筆眉批：「彼以不正來，我有繩在；以不平來，我有準在；以枉直難辨來，我有鉤在，謂之物至而對形。」

「減，盡也；溜，發也。言徧環畢善，莫不備得，故曰：減溜大成。」墨筆眉批：「減溜。減盡溜發，謂使人才盡出而不留，我得大施陶鎔而成就之也。」

「必周於德，審於時，時德之遇，事之會也。」墨筆眉批：「周知其人之德，堪何用；審其時之所值，當用何等才；時事與人之才德合其卯竅，便是會處。」

「涅儒」。硃筆眉批：「涅儒。」墨筆眉批：「涅。涅卽逞，疾也，與儒反。儒卽濡。」

「故愁其治，言含愁而藏之也。」墨筆眉批：「愁其治，看古人用字之妙。」

「修業不息版，以待清明。」墨筆眉批：「版。」

「以琅湯淩轢人」。墨筆眉批：「琅湯。」

「故有道者，不平其稱，不滿其量。」墨筆眉批：「量不滿可也，稱有何不可平？平則足數，君子尚不肯居，須再低些，只是謙德而已。」

「爵尊則肅士」。墨筆眉批：「肅，敬也。」

「夫名實之相怨久矣，是故絕而無交。」房注：「有名有實，必爲人怨。其來久。所以絕四鄰之好，杜賓客之交，惡其名實之聞也。」注旁硃筆批：「是何解？」

「惠者知其不可兩守，乃取一焉。」墨筆眉批：「一，實也。吾豈爲名乎？」

「毒而無怒，此言止忿速濟沒法也。」硃筆眉批：「止忿速濟沒法，怕人，怕人！」

「故曰：欲而無謀。」硃筆旁批：「此故曰字衍。」

「夫行忿速遂，沒法賊發，言輕謀泄，菑必及於身。」墨筆眉批：「賊發，竊發也。」又硃筆根批：「此沒法說在賊邊，與前沒法反看始得。」又墨筆根批：「初解如此，既口。」
「毋訪于佞」云云。硃筆旁批：「此段悶。」
「所以害君義失正也。」硃筆旁批：「句笨滯。」
「故曰不正廣其荒」。硃筆眉批：「不正廣其荒。荒，廢也。猶言不用正人，雖有廣大之地，皆蒿荒也。」
「不用其區區者虛也。」硃筆眉批：「不用其區區者，謂有硜硜之守，而無濟變之才，雖有賢名，與無此人等，故曰虛也。」
「人而無良焉，故曰虛也。」「良」字旁硃筆批曰：「才。」
「失植之正而不謬，不可賢也。」硃筆旁批：「此句有病。正而不謬，豈得不以爲賢？」
「所賢美於聖人者，以其與變隨化也。」硃筆旁批：「不死糾，而事小白，是其能變化耶！」
「謏充，言心也，心欲忠；末衡，言耳目也，耳目欲端。」硃筆眉批：「謏充末衡四字，最奇奧。而下以易政利民釋之，此中精義，惟老夫能暢其說。」
「心司慮，慮必順言，言得，謂之知。」硃筆眉批：「知。」房注：「心之所慮，既順且得，故謂之智。」硃筆旁批：「不勞。」
「政易民利」。硃筆眉批：「易字義亦圓，那得專謂變易？且下文明白有一險字作對。」
「視不察不明」。硃筆旁批：「不順。」
「慮不得不知」。硃筆眉批：「知。」又硃筆旁批：「不順。」
「毋犯其凶」云云。硃筆旁批：「此段亦不警。」
「聖人由此知言之不可兼也」。硃筆眉批：「知。」

「泉踰瀷而不盡，薄承瀷而不滿。」硃筆眉批：「泉踰瀷而不盡，薄承瀷而不滿。」

「若鼓之有楟」。墨筆眉批：「楟。」

「擿擋則擊」。硃筆眉批：「此則字在擊字上，文理不亨，必有倒文。」房注：「天地不泰」。硃筆改「不」爲「否」。

「天地萬物之橐也。」房注：「君不知善惡必報，繩繩戒慎」云云，「則善在先，應在後，如橐之成物也。」硃筆旁批：「非此之謂。」

「散之至於無間，不可名而山。」硃筆眉批：「不可名而山。」又墨筆眉批：「山字或是止字。」房注：「宙合之裹，故散其終上，能無偷覯，猶不可得其名，若山然也。」墨筆根批：「注是何語？」

「一典品之不極，一薄然而典品無治也。」「薄」字旁硃筆批：「對厚字看。」房注：「典，常也」云云，「常品之人，不能重理也。」硃筆旁批：「一連兩個典品。上不云常品，而下云常品，何也？」

「多内則富」。硃筆根批：「但以字解，多正對薄言。」

「變無不至，無有應，當本錯不敢忿。」硃筆眉批：「變無所不至，而其中空洞無，先有一何以應之之義。」又「無有應」旁硃筆批：「有字或譌。」又硃筆眉批：「有字是不字亦未可知。」房注：「當，謂行賞以當功。」硃筆根批：「此解獨深。」又房注：「當功所以錯而不用者。」硃筆旁批：「此亦一説。錯字可以解作差錯，又舉錯，又措置，三義皆説得去。」

樞言第十二

「先王用一陰二陽者霸」云云。硃筆眉批：「陰陽。」
「能而稷乎？能而麥乎？」硃筆眉批：「稷。麥。」
「衆勝寡」云云。硃筆眉批：「七勝。」
「威久而不知極已者殆」。硃筆眉批：「知。」
「人滿則天概之」。硃筆眉批：「概。」
「故行年六十而老吃也。」硃筆眉批：「老吃。」

八觀第十三

「大凶，則衆有大遺苞矣。」墨筆眉批：「遺苞。」
「什一之師」。墨筆眉批：「師作興師之師是矣，但十一之師，十一字如何解？」

法禁第十四

硃筆旁批：「有絕不似管公口中之言，大與韓非類矣。」
「昔者聖王之治人也，不貴其人博學也，欲其人之和同以聽令也。」硃筆旁批：「可惜！」
「聖王之禁也」云云。硃筆眉批：「十七禁，義多重複。」
房注：「則農桑廢，故獲於貧窮。」硃筆旁批：「說甚？」

「壺士以爲亡資」。墨筆眉批：「壺士。」硃筆旁批：「此數大計筭人耳。」

「然後失矯」。墨筆眉批：「失矯。」

「漁利蘇功」。硃筆眉批：「蘇功。」又墨筆眉批：「蘇對漁。蘇卽樵蘇之蘇，猶言取也。」

重令第十五

「工以雕文刻鏤相穉也」。墨筆眉批：「穉。」

法法第十六

「聞賢而不舉殆」云云。墨筆眉批：「十殆。」

「國無常經，民力必竭，數也。」硃筆眉批：「數字卽是上文又易又遷之類。數字入聲。」房注：「數，理也。國無常經，人力必竭。而曰不竭者，此非理之言也。」硃筆旁批：「硬添上許多不通之言。」

「凡赦者，小利而大害者也。」硃筆眉批：「赦。武侯主之。」

「毋赦者，痤睢之礦石也。」墨筆眉批：「睢。」

「凡人君之所以爲君者，勢也。」墨筆眉批：「君之所以爲君，勢也。」

「在子期年，子雖不孝，父不能服也。」墨筆眉批：「父子之間亦論勢，自是衰世之風。然不肖者必須得勢以匃之，可爲浩歎！可爲浩歎！」

房注：「春秋卽周公之凡例，而諸侯之國史也。」墨筆根批：「周公凡例。」

「凡人君之德行，威嚴，非獨能盡賢於人也，曰人君也，故從而貴之。」墨筆眉批：「人君非盡賢於人以其人君，故從而貴之。」

「得此六者，而君父不智也。」墨筆眉批：「不智卽是不知耳。」

「凡論人有要，務物之人，無大士焉。」墨筆眉批：「務物無大士。」

「旣不知古」。硃筆眉批：「知。」

「舜之有天下也，禹爲司空，契爲司徒，皋陶爲李，后稷爲田。」墨筆眉批：「說苑君道：皋陶爲大理，后稷爲田疇。」

兵法第十七

「三官：一曰鼓」云云。硃筆眉批：「三官。」

「五教：一曰教其目以形色之旗」云云。硃筆眉批：「五教。」

「九章：一曰舉日章」云云。硃筆眉批：「九章。」

「九曰舉韡章。」墨筆眉批：「韡。」

「徑乎不知。」硃筆眉批：「知。」

「歷水谷，不須舟楫。」硃筆旁批：「此句要圓看。」

「寶不獨見，故莫之能斂。」房注：「寶玉所以禮神，使無水旱之災，故取之不嫌也。」硃筆眉批：「注解寶字呆，可笑！」

「衆若時雨」。墨筆眉批：「時雨形容兵衆，妙！神武不殺而爲言者也。」

「用敵，教之盡也。」硃筆眉批：「用敵。」

「若亡而存，若後而先，威不足以命之。」墨筆眉批：「威卽武也。言若亡若存之兵，一個武字不足以形容之。」

大匡第十八〔一〕

「僖公之母弟夷仲年，生公孫無知。」硃筆旁批：「侄。」

「遂以文姜會齊侯於濼。」硃筆眉批：「濼。」

「使公子彭生乘魯侯，脅之。」硃筆眉批：「脅。」

「昬生無醜也。」硃筆眉批：「昬生無醜。」

「反誅屨於徒人費」。硃筆眉批：「徒人費。」

「鮑叔乃告公其故圖」。墨筆眉批：「其故圖。」

「糺之不死，而況君乎？」硃筆眉批：「此況字。」

「施伯之爲人也，敏而多畏。」墨筆眉批：「施伯敏而多畏。」

「夫管仲，天下之大聖也。」墨筆眉批：「管仲，天下大聖。」

「子爲生臣，忽爲死臣。」墨筆眉批：「生臣。死臣。」

「召忽之死也，賢其生也。」「其」字旁硃筆批：「於。」

「管仲之生也，賢其死也。」「其」字旁硃筆批：「於。」

〔一〕　此篇原書缺第一頁。

「或曰，明年襄公逐小白」。墨筆眉批：「或曰又起一段。」
「雖不能行其知，豈且不有焉乎？」墨筆眉批：「豈且不有焉乎？」
「召忽雖不得衆，其及豈不足以圖我哉？」墨筆眉批：「其及。」「及」字旁墨筆批：「朋友。」
又墨筆眉批：「及謂所及者。」
「朋友不能相合摎」。墨筆旁批：「此政其所及。」又硃筆眉批：「摎。」
「鮑叔乃告小白」云云。墨筆眉批：「此一段要看鮑老謹愼處。前料其如彼，而論時又謹愼如此。」
「君霸王社稷定，君不霸王社稷不定。」墨筆眉批：「要霸。」
「公告管仲曰，欲以諸侯之間無事也，小修兵革。管仲曰不可。」墨筆眉批：「一不可。」
「二年，桓公彌亂，又告管仲曰欲繕兵。管仲又曰不可。」墨筆眉批：「彌亂。二不可。」
「明年，公怒，告管仲曰欲伐宋。管仲曰不可。」〔一〕墨筆眉批：「三不可。」
「公怒，歸告管仲曰請修兵革」云云，「管仲曰不可。」墨筆眉批：「四不可。」
「三年，桓公將伐魯」云云，「管仲曰不可。」墨筆眉批：「五不可。」
「桓公乃令從者毋以兵。管仲曰不可。」墨筆眉批：「六不可。」
「夫杞，明王之後也。今宋伐之，予欲救之，其可乎？管仲對曰不可。」墨筆眉批：「七不可。」
「吾君惕，其智多誨。」硃筆眉批：「惕，其智多誨。」

〔一〕「曰」字，傅山全書初版本脫，據批點底本改。

「夷吾尚微爲焉」。墨筆眉批：「微爲。」

「裴領而刎頸者不絕」。墨筆眉批：「裴。」

「諸侯之爲義者，莫肯入齊。」墨筆眉批：「諸侯之爲義者莫肯入齊，又與毋仕異國之人相反。」

「興師伐魯，造於長勺。」墨筆眉批：「長勺。」

「四年修兵，同甲十萬。」墨筆眉批：「同甲。」

「去國五十里而爲之關。」墨筆旁批：「此關當是齊爲之，非魯爲之也。」

「魯請比於關内，以從于齊。」墨筆眉批：「魯請比于關内。」又硃筆眉批：「關内，非如關内侯之關内。」又硃筆眉批：「於、于是同是異？」

「曹劌之爲人也」云云。墨筆眉批：「曹劌。」

「左揕桓公」。墨筆眉批：「揕。」

「自圉辟人，以過弭師。」墨筆眉批：「自圉辟人。」

「諸侯之君，不貪於土」至「不競於兵」。硃筆眉批：「一溜嘽。」

「乃命曹孫宿使於宋。」墨筆眉批：「曹孫宿。」

「桓公築緣陵以封之。」硃筆眉批：「緣陵。」又墨筆眉批：「封杞。」

「桓公築夷儀以封之。」硃筆眉批：「夷儀。」又墨筆眉批：「封邢。」

「三國所以亡者，絕以小。」硃筆眉批：「絕以小三字何説？」

「今君斸封亡國。」墨筆眉批：「斸。」

「桓公築楚丘以封之。」硃筆眉批：「楚丘。」又墨筆眉批：「封衛。」

「令齊以豹皮往，小侯以鹿皮報，齊以馬往，小侯以犬報。」硃筆眉批：「豹、鹿、馬、犬。」

「以壐問之。」墨筆眉批：「壐。」
「隰朋聰明捷給。」墨筆眉批：「隰朋。」
「賓胥無堅强以良」。墨筆眉批：「賓胥無。」
「公子開方之爲人也」。墨筆眉批：「公子開方。」
「季友之爲人也」。墨筆眉批：「季友。」
「博於糧」。「糧」字旁墨筆批：「禮。」
「蒙孫博於教」。墨筆眉批：「蒙孫。」
「狄人伐。」墨筆眉批：「狄伐齊。」
「戰於後故，敗狄。」硃筆眉批：「後故。」
「桓公乃北伐令支。」墨筆眉批：「北伐。」
「顧問管仲曰：將何行？」墨筆眉批：「何行？」
「必足三年之食，安。」墨筆眉批：「安，一字句。」
「又問管仲曰：何行？」墨筆眉批：「何行？」
「卒歲，吳人伐穀。」墨筆眉批：「吳人伐穀。」
「桓公歸問管仲曰：將何行？」墨筆眉批：「何行？」
「晏子識不仕與耕者之有善者。」墨筆眉批：「此晏子非嬰也。」
「弗鄭爲宅」。墨筆眉批：「弗鄭。」
「客與有司別契，至國八契。」硃筆眉批：「三十里一契，至國三八二十四契。」又墨筆眉批：「八契。」

「凡縣吏進諸侯士」云云，「有過無罪。」墨筆眉批：「進諸侯士，有過無罪。」

「令鮑叔進大夫，勸國家。得之，成而不悔，爲上舉。」墨筆眉批：「成猶地道無成之成，謂遂事也。有利於國者逕成之，卻無所悔。與下從政之從相對。」

「野爲原，又多不發，起訟不驕，次之。」墨筆眉批：「多不發，起訟不驕。」

「令晏子進貴人之子，出不仕，處不華，而友有少長。」墨筆眉批：「貴人之子多失之華，多失之友無少長。」

「君謂國子，凡貴賤之義，入與父俱，出與師俱，上與君俱。」房注：「父貴而子賤也。師貴而資賤也。君貴而臣賤也。」〔二〕硃筆眉批：「貴賤不必如此分帖。總謂在三之義，無貴賤一也。」

「不知賊，則無赦。」房注：「有賊而又不知，則不臣不子也，故無赦也。」硃筆眉批：「不知賊注，可笑之極。」

小匡第二十

「今魯懼殺公子糾、召忽，因管仲以予齊，鮑叔知無後事，必將勤管仲以勞其君。」硃筆眉批：「知。知無後事，謂召忽既死矣，夷吾之心無所係念，可一心於桓公也。」

「式美以相應，比綴以書。」劉績注：「其從而相應者，比合連綴於書。」硃筆眉批：「從而相應者可笑。」

「參其國而伍其鄙」。硃筆眉批：「參伍。」

〔二〕「臣賤也」，「也」字原書脱，據上文例補。

「謹用其六秉」。硃筆眉批：「六秉。」

「公帥十一鄉，高子帥五鄉，國子帥五鄉。參國故爲三軍，公立三官之臣。市立三鄉，工立三族，澤立三虞，山立三衡。」墨筆眉批：「公十一，高、國各五。參其國：市三鄉，工三族，澤三虞，山三衡。」

「制五家爲軌，軌有長；十軌爲里，里有司；四里爲連，連有長；十連爲鄉，鄉有良人；三鄉一帥。」硃筆眉批：「軌、里、連、鄉。」又墨筆眉批：「軌長、里司、連長、鄉良人。三鄉一帥。」

「制五家爲軌，軌有長；六軌爲邑。邑有司；十邑爲率，率有長；十率爲鄉，鄉有良人；三鄉爲屬，屬有帥；五屬一大夫。武政聽屬，文政聽鄉。」硃筆眉批：「軌、邑、率、鄉、屬。」又墨筆眉批：「軌長、邑司、率長、鄉良人、屬帥。五屬一大夫。」又硃筆眉批：「文政聽鄉，武政所屬。」

「士農工商四民者，國之石民也。」硃筆眉批：「石民。」

「處商必就市井。」房注：「立市必四方，若造井之制，故曰市井。」硃筆眉批：「市井又一解。」

「旦昔從事於此」。硃筆眉批：「旦昔。」

「比耒耜穀芨」。硃筆眉批：「穀芨。」

「身服襏襫」。硃筆眉批：「襏襫。」

「其秀才之能爲士者，則足賴也。」硃筆眉批：「足賴謂農有本業之食，可依賴以誦讀也。」

「是以聖王敬畏戚農。」〔二〕硃筆眉批：「戚農。」

「奇怪時來，珍異物聚。」硃筆眉批：「奇怪時來。」

「相地而衰其政」。硃筆眉批：「衰，差也。」

「正旅舊，則民不惰。」硃筆眉批：「旅舊。」

「舉財長工，以止民用。」硃筆眉批：「舉財長工。」

「爲高子之里，爲國子之里。」硃筆眉批：「高子、國子之里。」

「則百姓通於軍事矣」。墨筆眉批：「百姓通於軍事。」

「故五十人爲小戎」。硃筆眉批：「小戎。」

「有高子之鼓，有國子之鼓。」硃筆眉批：「高子、國子之鼓。」

「正月之朝，鄉長復事」云云，「名之曰三選。」墨筆眉批：「國語：正月之朝，鄉長復事，君親問焉，曰：於子之鄉，有居處好學，慈孝於父母，聰慧質仁，發聞於鄉里者，有則以告；有而不以告，謂之蔽明，其罪五。有司已於事而竣，桓公又問焉，曰：於子之鄉，有拳勇股肱之力，秀出於衆者，有則以告；有而不以告，謂之蔽賢，其罪五。有司已於事而竣，公又問焉，曰：於子之鄉，有不慈孝於父母，不長弟於鄉里，驕躁淫暴，不用上令者，有則以告；有而不以告，謂之下比，其罪五。有司於事而竣，是故鄉長退而修德進賢，桓公親見之，遂使役官。桓公令官長期而書伐，以告且選，選其官之賢者而復用之。曰：有人居我官，有功休德，惟端慎殼以待時，使民以勸，綏謗言，足以補官之不善政。桓公召而與之語，訾相其質，足以比成事，誠可立而授之。設之

〔二〕「王」，傅山全書初版本誤作「人」，據批點底本改。

以國家之患而不疚，退問其鄉，以觀其所能而無大厲，升以爲上卿之贊，謂之三選。」

「筋骨秀出於衆者」。硃筆根批：「秀出。」

「其稱秉言」。硃筆眉批：「秉言。」

「省相其質」。硃筆眉批：「省字，國語作眚。」

「而不肉」。硃筆眉批：「不肉。肉字應上『省相其質』來，亦說得去。」

「名之曰三選」。硃筆眉批：「三選。」

「罷士無伍，罷女無家。」硃筆眉批：「罷士。罷女。」

「五屬大夫復事於公」。硃筆眉批：「五屬。」

「於是乎五屬大夫退而修屬。」硃筆眉批：「五屬。」

「制重罪，入以兵甲、犀脅、二戟。」硃筆眉批：「犀脅，恐是以犀爲甲而裹於脅者。」

「輕罪，入蘭盾、鞈革、二戟。」硃筆眉批：「蘭盾、鞈革。」

「無坐、抑而訟獄者，正三禁之而不直，則入一束矢以罰之。」硃筆旁批：「此又似無所抑塞於人，而好訟獄。」房注：「謂其人自無所坐而被抑屈爲訟者。」硃筆旁批：「如此，又何罰爲？」

「惡金以鑄斤斧鉏夷鋸欘。」墨筆眉批：「欘。」

「故使鮑叔牙爲大諫，王子城父爲將，弦子旗爲理，甯戚爲田，隰朋爲行，曹宿孫處楚，商容處宋，季勞處魯，徐開封處衞，匽尚處燕，審友處晉。」墨筆眉批：「鮑叔牙、王子城父、甯戚、隰朋、曹宿孫、商容、季勞、徐開封、匽尚、審友。」又商容旁墨筆批：「逕同商賢。」

「又游士八千人」。硃筆眉批：「游士八千人，豈不大費？」

「使海於有獘，渠彌於河陼，綱山於有牢。」「河」字旁墨筆批：「有。」又墨筆眉批：「有獘、有陼、有牢。」又硃筆眉批：「渠彌、綱山。」又墨筆眉批：「『使海於有獘』三句，三用之於魯、衛、燕三國，獨『海』字與衛不合用。而於三國無異辭，不解其義何謂。或别有說。於魯作『河陼』，燕、衛皆作『有陼』，然上下三句皆同，獨『有』字異，河或仍是『有』字訛耳。」

「地方三百六十里」。硃筆眉批：「齊，大國，僅三百六十里。」又墨筆眉批：「幅幀僅三百六十里，不知當時何以能供給其用？」

「與卑耳之貉」。墨筆眉批：「卑耳之貉。」

「以誓要於上下薦神。」房注：「謂以上下之神祇爲盟誓，又以其牲薦之於神。」硃筆眉批：「卽如注，不知本文當如何讀。」

「南至吳、越、巴、牂牁、䑸不庾。」墨筆眉批：「䑸不音。牂牁之名，不知的起何時。西南夷傳，南越對唐蒙曰：『道西北牂牁。』漢書地理志牂牁郡注：『武帝元鼎六年開。莽曰同亭。有柱蒲關。屬益州。』應劭：『臨牂牁江也。』師古曰：『牂牁，係船杙也。華陽國志云，楚頃襄王時，遣莊蹻伐夜郎，軍至且蘭，椓船於岸而步戰。既滅夜郎，以且蘭有椓船牂牁處，乃改其名爲牂牁。杙音弋。』史記楚世家，頃襄王與齊湣王同時。莊蹻，按史記西南夷傳，作楚威王時。威王與孟嘗君同時，去桓公大遠。牂牁是古所有，桓公言之可也。若自莊蹻時始有，事在桓公後，如何得言？」

「握粟而筮者，屢中。」硃筆眉批：「筮，筮。」

「夫鳳皇之文，前德義，後曰昌。」硃筆眉批：「鳳皇之文。」

「請爲關内之侯」。墨筆眉批：「魯請爲關内之侯。」

「垂橐而入」。房注：「垂橐，言其空也。」硃筆改「橐」爲「槖」，並墨筆眉批：「垂槖，詩疏引之，作槖字是。注『言其空也』是矣。」

「欞載而歸」。硃筆眉批：「欞。」

「定三革」。硃筆眉批：「三革。」

「優則亡衆」。硃筆改「優」爲「優」。

「公子開方爲人」。硃筆旁批：「前曰開封。」

「臣不如隰朋」，「臣不如甯戚」，「臣不如王子城父」，「臣不如賓胥無」，「臣不如東郭牙」。墨筆眉批：「隰朋、甯戚、王子城父、賓胥無、東郭牙。」〔一〕

〔一〕此下至第五十一篇，原書散佚。

卷六十三　管子批注（下）

七臣七主第五十二

「從狙而好小察」。墨筆眉批：「狙。」

「倮大衍」。墨筆眉批：「大衍。」

「名斷言澤」。墨筆眉批：「名斷言澤。」

「亂臣多造鍾鼓、衆飾婦女以惛上。」硃筆眉批：「後有亂臣，此亂字當是諂字耶？」

「多兑道」。墨筆眉批：「兑。」

「愚忠讒賊」。硃筆眉批：「愚忠本是好字面，此卻非常義。」

「除雠，則罪不辜。」硃筆眉批：「除雠二句，舍説到君身上。」

「居爲非母，動爲善棟。」墨筆眉批：「非母善棟。」

「以非買名，以是傷上。」硃筆眉批：「非是兩字相對言，即是非。」

禁藏第五十三

「是故君子上觀絕理者以自恐也，下觀不及者以自隱也。」墨筆眉批：「絕理與不及對，絕理似謂太過。」

「被蓑以當鎧鑐」。墨筆眉批：「鑐。」

「葅笠以當盾櫓」。墨筆眉批：「輕重篇有㧖櫓字，似卽此盾櫓之義，而㧖字不見。」

「毋夭英，毋拊竿。」墨筆眉批：「竿。」

「果蓏素食當十石」。墨筆眉批：「素食。」

「所以知貧富之不訾也。」墨筆眉批：「訾。」

「而謀有功者五」云云。墨筆眉批：「謀有功者五，不但其義之膹也；而文法略無可觀。」

「身内情外，其國可知。」硃筆眉批：「知。」

「必深親之，如典之同生。」墨筆眉批：「典字似與字之訛。」

入國第五十四

「身之膌勝」。墨筆眉批：「膌勝。」

「偏枯、握遞，不耐自生者」。墨筆眉批：「偏枯、握遞。耐卽能字。」

九守第五十五

「聽之術曰：勿望而距，勿望而許。」墨筆眉批：「勿望而距，勿望而許。」

「心不爲九竅，九竅治。」墨筆眉批：「心不爲九竅，九竅治。」

桓公問第五十六

「黄帝立明臺之議者，上觀於賢也。堯有衢室之問者，下聽於人也。舜有告善之旌，而主不蔽也。禹立諫鼓於朝，而備訊唉。湯有總街之庭，以觀人誹也。武王有靈臺之復，而賢者進也。」墨筆眉批：「明臺。衢室。告旌。諫鼓。訊唉。總街。靈臺。」

「名曰嘖室之議」。墨筆眉批：「嘖室。」

「請以東郭牙爲之」。墨筆眉批：「東郭牙。」

度地第五十七

「内爲落渠之寫」。墨筆眉批：「落渠。」

「郭外爲之土閬」。墨筆眉批：「土閬。」

「命之曰金城」。硃筆眉批：「金城。」

「上相穡著」。墨筆眉批：「穡著。」

「臣服之以盡忠於君」云云。硃筆旁批：「此數句可不有。」

「水別於他水」。在「別」、「於」之間硃筆加「出」字。

「瓴之尺有十、分之三」。硃筆旁批：「不解。」又墨筆眉批：「瓴。」

「杜曲則擣毀」。墨筆眉批：「杜。」

房注：「其幼小不在役者」。墨筆改「在」爲「任」。

房注：「而被兵之數」。硃筆改「而」爲「當」。

「補弊久，去苦惡。」墨筆眉批：「久卽故字。久卽舊。義皆通。」

「春三月，天地乾燥」云云。墨筆眉批：「大概謂土功止是春三月可作也。」

「放農焉」。「放」字旁硃筆批：「方。」

「君脩槃與神明相望。」墨筆眉批：「君脩槃與神明相望。」

「夏有大露，原煙噎下百草，人采食之，傷人。」墨筆眉批：「有大露，原煙噎下百草，可解，不可解。」

地員第五十八

硃筆旁批：「文章之妙勿論矣。此等學問從何來？從何來？可惜遂不傳。」

「瀆田悉徙」。硃筆根批：「下四俱□土名，赤壚、黄唐、斥埴、黑埴，首段□土名獨曰『瀆田』。」

「五種無不宜，其立后而手實。」硃筆眉批：「看下文『五種無不宜』，則『五種』句是屬『五施之地』，不應中間單單插『手實』一句，如注解者云云，『立后手實』亦似指止五施之地之利而言。」又墨筆眉批：「手實。」又墨筆旁批：「此處突曰『立后手實』。」

「其木宜蚖蕃與杜松」。墨筆眉批：「蚖蕃、杜松。」

「赤壚、歷彊肥」。硃筆眉批：「歷彊似卽如今所謂礰礓石者。」

「其布黄」。墨筆根批：「布。」

「其木宜櫄擾桑」。墨筆眉批：「櫄。」

「凡聽徵，如負猪豕覺而駭；凡聽羽，如鳴馬在野；凡聽宮，如牛鳴窌中，凡聽商，如離羣羊；凡聽角，如雉登木以鳴，音疾以清。」硃筆眉批：「四音皆叶頭一字。如徵叶駭，羽叶野是也。獨角句末字清不叶。」

「庚泥不可得泉」。墨筆眉批：「庚。」

「赤壤勢山」。墨筆眉批：「勢。」

「陞山白壤」。墨筆眉批：「陞。」

「葉下於韏」。硃筆眉批：「韏。」

「羣土之長，是唯五粟」。硃筆眉批：「五粟。」又墨筆眉批：「上土。」

「剛而不觳」。硃筆眉批：「觳。」

「其種大重、細重」。墨筆根批：「二種：大重、細重。」

「五粟之土」。墨筆眉批：「粟土。」

「五臭所校」。墨筆眉批：「五臭所校。」

「其人夷姤」。墨筆眉批：「夷姤。」

「粟土之次曰五沃。」硃筆眉批：「五沃。」

「剽忞橐土」。硃筆眉批：「忞。」

「其種大苗、細苗，赨莖，黑秀，箭長。」硃筆眉批：「赨。」又墨筆根批：「二種：大苗、細苗。」

「五沃之土」。墨筆眉批：「沃土。」

「其梅、其杏」。硃筆眉批：「杏。」

「其杞、其枋」。硃筆眉批：「枋。」

「欲有與各大者不類」。墨筆旁批：「一簇。」房注：「欲有施與，則以麻之大而類也。」墨筆旁批：「注說甚？」墨筆眉批：「欲有與三句，謂此種地之麻之細者，如萑荻、如薪蒸，須是二三本相與而生；若不相與而各各長大，則不類，謂不成也；若相與而小者，則治，謂成就也。揣而藏之，其麻柔紉，如多練過幾次之絲也。」〔二〕劉績注：「類作纇，疵節也。言大蔴疏美無疵節，小蔴條理易治，故如練絲也。」硃筆旁批：「文義不爾。」

「五臭疇生」。墨筆根批：「疇，儔。」

「沃土之次曰五位」，「五位之狀，不塥不灰，青怸以落及。其種大葦無、細葦無。」墨筆眉批：「塥。怸。」硃筆眉批：「五位。落。」墨筆根批：「二種：大葦、細葦。」

「五位之土」。墨筆眉批：「位土。」

「竹箭、求黽」。墨筆眉批：「求黽。」

「小辛大蒙」。墨筆眉批：「小辛，卽少辛也。大蒙，藥有唐蒙，卽爾雅女蘿。大蒙，恐卽牡蒙。」

「有彼黃䖟，及彼白昌，山藜葦芒，羣藥安聚，以圉民殃。」墨筆眉批：「䖟。貝母亦名䖟。白昌，商陸也。昌陽亦名白昌。芒，藥有芒草，有芭芒。爾雅：葞，春草。注：一名芒草。本草：芒草，一名葞。俗作莔。」

〔二〕「多」，傅山全書初版本脫，據批點底本補。

「其林其漉」。「漉」字旁墨筆批：「此卽麓字。」
「位土之次曰五蘟。」硃筆眉批：「五蘟。」又墨筆眉批：「蘟。」
「其種櫑、葛，秫莖，黄秀，恚目」。墨筆眉批：「恚目。」墨筆根批：「二種：櫑、葛。」
「是謂蘟土」。墨筆眉批：「蘟土。」
「蘟土之次曰五壤。」硃筆眉批：「五壤。」
「其種大水腸、細水腸」。墨筆眉批：「大水腸、細水腸。」墨筆根批：「二種：大水腸、細水腸。」
「是謂壤土」。墨筆眉批：「壤土。」
「壤土之次曰五浮。」硃筆眉批：「五浮。」墨筆眉批：「浮土。」
「其種忍、蘟」。墨筆眉批：「忍、蘟。」墨筆根批：「二種：葱、蘟。」
「黄莖、黑莖」。硃筆旁批：「有二種莖。」
「凡上土三十物，種十二物。」墨筆眉批：「上土六等：粟、沃、位、蒠、壤、浮。」
「中土曰五忞。」硃筆眉批：「五忞。」又墨筆眉批：「以下中土。忞，崔希裕略古曰，古文悉字。」
「廩焉如壏」。墨筆眉批：「壏，字書有壈字，恐卽此。」
「忞土之次曰五纑。」硃筆眉批：「五纑。」
「其種大邯鄲、細邯鄲」。墨筆眉批：「大邯鄲、細邯鄲。看下文曰『粟大』則邯鄲之種是穀名矣。」又墨筆根批：「此種當是從邯鄲來者。」
「纑土之次曰五壏。」硃筆眉批：「五壏。」又墨筆眉批：「壏。」

「其種大荔、細荔」。墨筆眉批：「大荔，細荔。」
「壏土之次曰五剽。」硃筆眉批：「五剽。」
「華然如芬以脤」。房注：「謂其地色青紫，若脤然也。」墨筆眉批：「青紫若脤，不知何説。」
「剽土之次曰五沙。」硃筆眉批：「五沙。」
「其種大萯、細萯」。墨筆眉批：「大萯、細萯。」
「沙土之次曰五塥。」硃筆眉批：「五塥。」又墨筆眉批：「塥無音。」
「其種大樛杞、細樛杞。」墨筆眉批：「大樛杞。」
「下土曰五猶。」硃筆眉批：「五猶。」又墨筆眉批：「以下下土。」
「猶土之次曰五弡。」硃筆眉批：「五弡。」又墨筆眉批：「弡無音。」
「弡土之次曰五殖。」硃筆眉批：「五殖。」
「五殖之次曰五觳。」硃筆眉批：「五觳。」
「其種鴈膳，黑實，朱跗，黃實。」墨筆眉批：「鴈膳。」又硃筆眉批：「上實字當是莖字。」
「觳土之次曰五鳧。」硃筆眉批：「五鳧。」
「其種陵稻、黑鵝、馬夫。」墨筆眉批：「黑鵝、馬夫。」
「鳧土之次曰五桀。」硃筆眉批：「五桀。」

弟子職第五十九

「既拚盥漱」。墨筆眉批：「拚。」

「先生將食」。墨筆眉批：「食。」

「三飯二斗」。房注：「三飯食，必二毀斗也。」墨筆眉批：「二毀斗。」

「飯必捧擥」。墨筆眉批：「捧擥。」

「凡拚之道，實水於盤，攘臂袂及肘，堂上則播灑，室中握手。」墨筆眉批：「拚。堂。室。」

「以葉適己」。墨筆眉批：「葉。」

「櫛之遠近。乃承厭火，〔二〕居句如矩，蒸閒容蒸，然者處下，捧椀以爲緒。」墨筆眉批：「櫛。蒸。椀。緒。」

「俶衽則請」。墨筆眉批：「俶衽。」

形勢解第六十四

「則祈羊至」。硃筆眉批：「祈羊。」

「則沈玉至」。墨筆眉批：「沈玉。」

「所謂抱蜀者」。硃筆眉批：「抱蜀。」

「濟濟者，誠莊事斷也」云云，「周文王誠莊事斷」。硃筆眉批：「誠莊事斷四個笨字，想來有義。」又墨筆眉批：「濟濟帖文王上，是致士之由在上也。」

「燕爵之集，道行不顧。」墨筆眉批：「燕雀之集，道行不顧。」

「所謂夜行者，心行也。」墨筆眉批：「夜行。」

〔二〕「火」，傅山全書初版本脫，據批點底本補。

「毀訾賢者之謂訾，推譽不肖之謂讆。」硃筆眉批：「訾、讆。」
「爲天下計者，謂之譕臣」。硃筆眉批：「譕。」
「嶽者，多所惡也。」墨筆眉批：「嶽。」
「無廣者疑神。」墨筆眉批：「無廣者疑神。」
「棟生，橈不勝任」。墨筆眉批：「棟生。」
「謂之烏集之交。」硃筆眉批：「烏集。」

版法解第六十六

「疎遠微賤者無所告遡，則下饒。」墨筆眉批：「饒。」
「三經既飭，君乃有國。」墨筆眉批：「三經。」
「外之有徒，禍乃始牙；衆之所忿，寡不能圖。」墨筆眉批：「牙字叶徒、圖。」
「成事以質」。墨筆眉批：「質，别本作質。注曰：質，竹器，所以量物者，音质。」
「參於日月，無私葆光」。墨筆眉批：「無私葆光。」

明法解第六十七

「是故羣臣之不敢欺主者，非愛主也，以畏主之威勢也；百姓之爭用，非以愛主也，以畏主之法令也。」墨筆眉批：「二三君子外，實皆如此。」
「羣臣皆忘主而趨私佼矣」。墨筆眉批：「佼。」

「小臣持祿養佼」。墨筆眉批：「佼。」

臣乘馬第六十八

「日至六十日而陽凍釋，七十日而陰凍釋。」墨筆眉批：「陽凍、陰凍。」

「謂之内戰」。墨筆眉批：「内戰。」

「國穀之櫎」。墨筆眉批：「櫎。」

乘馬數第六十九

「霸國守分，上分下游於分之間而用足。」墨筆眉批：「上分下游於分之間。」

「修宫室臺榭，以前無狗後無彘者爲庸。」墨筆眉批：「前無狗後無彘者爲庸。」

「民無饘，賣子數矣。」墨筆眉批：「饘。」

「地田筴相圓，此國筴之時守也。」墨筆眉批：「地田筴相圓。」

「郡縣上臾之壤，守之若干。」墨筆眉批：「上臾之壤。」

事語第七十一

「秦奢教我曰」。墨筆眉批：「秦奢。」

「佚田謂寡人曰」。墨筆眉批：「佚田。」

「善者用非其有」。硃筆旁批：「亦是個權術。」

「且無委致圍，城脆致衝。」墨筆眉批：「無委致圍，城脆致衝。」

「智勝愚，微勝不微」。墨筆眉批：「微勝不微。微字不注，何也？」

「不待權與」。墨筆眉批：「此權字卽上文『因諸侯權以制天下』之權。不必輒引詩之『權輿』。」

海王第七十二

「終月，大男食鹽五升少半，大女食鹽三升少半，吾子食鹽二升少半。」墨筆眉批：「吾子。吾字不解。何以爲小男小女也？」

「今鹽之重，升加分彊，釜五十也。」墨筆眉批：「升加分彊。」房注：「每一斗加半合。」墨筆改「斗」爲「升」。

「禺筴之，商曰二百萬。」墨筆眉批：「禺。禺筴。」

「今吾非籍之諸君吾子」。墨筆眉批：「諸君吾子。」房注：「鐵官之利」云云。墨筆眉批：「此處尚未說出鐵，注竟補出之。若爾文義，則似當在『准此而行』之下。」

「若其事立」。硃筆眉批：「若其。」

「行服連軺輂者」。房注「輂」：「居玉反。」〔一〕注「軺輂」：「大車駕馬。」硃筆眉批：「居玉切之輂，从共从車，說文：大車駕馬也。」

〔一〕「反」，傅山全書初版本誤作「切」，據批點底本改。

國蓄第七十三

「愚者有不賡本之事。」墨筆眉批：「不賡本。」

「且君引錣量用耕田發草」。墨筆眉批：「錣。」

「市糶無予」。墨筆眉批：「無予。」

「財之櫎可得而平」。墨筆眉批：「櫎。」

「隨財准平而不變」。墨筆眉批：「准平。」

「鍾鑲糧食」。墨筆眉批：「鑲。」

「春賦以斂帛，夏貸以收秋實。」墨筆眉批：「春賦夏貸。」

「吾子食二石」。墨筆眉批：「吾子。」

「穀賤則以幣予食」。墨筆眉批：「予。」

「前有萬乘之國，而後有千乘之國，謂之抵國；前有千乘之國，而後有萬乘之國，謂之距國；壤正方，四面受敵，謂之衢國。」墨筆眉批：「抵國。距國。衢國。」

「是特名羅於爲君耳」。墨筆眉批：「名羅於爲君耳。」

「無壤之有號。」「之」字旁墨筆批：「而。」

「玉起於禺氏。」墨筆眉批：「禺氏。」

山國軌第七十四

「請問宮國軌。」硃筆改「宮」爲「官」。

「以功業直時而櫎之」。房注：「櫎，古莫反。」硃筆眉批：「櫎。」硃筆旁批：「櫎，以文義求之，似括字。」又墨筆眉批：「櫎似今之估字。」劉績注：「櫎音晃。」硃筆眉批：「晃與古莫切音義都遠。」

「有莞蒲之壤」云云。硃筆眉批：「此全與封山澤反矣。」

「此調之泰軌也」。硃筆眉批：「泰軌。」又「泰」字旁硃筆批：「大。」

「高田之萌」。「萌」字旁硃筆批：「民。」

「鄉穀之櫎若干」。硃筆眉批：「櫎。」劉績注：「櫎音晃。」墨筆旁批：「櫎固音晃，義卻不然。」

「以鄉櫎市准」。硃筆眉批：「櫎。」

「民鄰縣四面皆櫎穀坐長而十倍。」硃筆眉批：「櫎。」

「直幣而庚之」。硃筆眉批：「庚。」

「府官以市櫎出萬物隆而止。」硃筆眉批：「櫎。」

「不籍而贍國，爲之有道予。」墨筆改「予」爲「乎」。

「泰春民之功繇」云云。墨筆眉批：「泰字不解。」

「捍寵纍箕，勝籯屑糗。」「糗」字旁墨筆批：「糗。」又墨筆眉批：「捍寵纍箕，勝籯屑糗。」

「龍夏之地」。墨筆眉批：「龍夏。」

「請以轂市擴而庚子牛馬」。墨筆眉批：「櫎。庚子牛馬。」又硃筆旁批：「庚猶更也。」

「宮中四榮樹」。墨筆眉批：「四榮樹。」

「握以下者爲柴楂，把以上者爲室奉。」墨筆眉批：「柴楂。室奉。」

山權數第七十五

「民之無糟賣子者。」墨筆眉批：「糟。」

「故天毀埊凶旱水泆」。墨筆眉批：「埊。」

「梁山之陽，綪緉夜石之幣」。墨筆眉批：「綪緉。」

「立黔落力重與天下調」。墨筆眉批：「黔落。」又墨筆旁批：「此義從立幣來，似謂造錢。」

「民之能樹瓜瓠葷菜百果使蕃袬者」。墨筆眉批：「袬。」

「國用相靡而足，相困揲而謄。」硃筆眉批：「謄。」

「管子曰：詩者，所以記物也；時者，所以記歲也；春秋者，所以記成敗也；行者，道民之利害也；易者，所以守凶吉成敗也，卜者，卜凶吉利害也。」〔二〕硃筆眉批：「詩、時、春秋、行、易、卜。」又於「易者」旁墨筆批：「占。」

「此謂君棅」。硃筆眉批：「棅。」房注：「筆永反。說反與柄同。」墨筆改「反」爲「文」。

「謂之公過」。墨筆眉批：「公過。」

〔二〕「凶吉」，傅山全書初版本誤作「吉凶」，據批點底本改。

「令過之平盤之中」。墨筆眉批：「過平盤。」

「百金之提」。墨筆眉批：「提。」

「東海之子類於龜。」硃筆眉批：「龜。」

「藏諸泰臺」。墨筆眉批：「泰臺。」

「一日而釁之以四牛，立寶曰無貲。」墨筆眉批：「四牛。」硃筆旁批：「不知此寶何用。」

「丁氏之家粟，可食三軍之師。」墨筆眉批：「丁氏。」

「請以寶爲質於子，以假子之邑粟。」硃筆眉批：「質龜。」又墨筆眉批：「以龜質粟。」

「桓公立貢數，文行中七年，龜中四千金，黑白之子當千金，凡貢制中二齊之壤筴也。」墨筆眉批：「文行。黑白之子。凡貢制中二齊之壤筴，不注。」

「操於二豫之外」。墨筆眉批：「二豫。」

山至數第七十六

「梁聚謂寡人曰」。墨筆眉批：「梁聚。」

「謂之請士」。墨筆眉批：「請士。」

「不通於輕重，謂之妄言。」硃筆眉批：「不通於輕重。」

「黃金一筴也，江陽之珠一筴也，秦之明山之曾青一筴也。」硃筆眉批：「黃金。江陽之珠。秦明山之曾青。」

「泰秋國穀去參之一。」墨筆眉批：「泰秋。」

「泰春國穀倍重數也。」墨筆眉批：「泰春。」
「泰夏賦穀以市櫎。」墨筆眉批：「櫎。」
「臣櫎從而以忠」。墨筆眉批：「櫎。」
「天子三百，領泰嗇而散」。劉績注：「百音邁，勉力也。領，去也。」「百」字旁墨筆批：「邁。」又墨筆眉批：「三邁。領字解去字也不當。」
「毋與人以壤，毋授人以財。」墨筆旁批：「是何語？」
「此王者之大轡也。」墨筆眉批：「王轡。」
「請問幣乘馬」。墨筆眉批：「幣乘馬。」
「幣爲一國陸地之數。」墨筆眉批：「一國陸地之數。」
「皆有矩券於上」。墨筆眉批：「矩券。」
「國筴出於穀」。墨筆眉批：「國筴出於穀。」
「狼牡以至於馮會之日，龍夏以北至於海莊，禽獸羊牛之地也。」〔二〕墨筆眉批：「狼牡。馮會。龍夏。海莊。」
「唐圉牧食之人」。墨筆眉批：「唐圉。圉字，後有唐園，字恐是園字。」
「扞殂者去其都秩，與其縣秩。大夫不鄉贅合游者，謂之無禮義。大夫幽，其春秋列民幽。」墨筆眉批：「扞殂。鄉贅合游。幽。」
「因捫牢筴也」。墨筆眉批：「捫牢。」

〔二〕「羊牛」，傅山全書初版本誤作「牛羊」，據批點底本改。

「有水泆之國」。墨筆眉批：「泆。」

「今以諸侯爲竽，公州之飾焉。」墨筆眉批：「竽字不必句，連下文讀。」

「行搰牢之筴」。墨筆眉批：「搰牢。」

「謂之國簿」。墨筆眉批：「國簿。」

地數第七十七

「其出水者八千里。」房注：「受水者八千里，出銅之山四百。」墨筆眉批：「銅山四百。」

「出鐵之山三千六百九山。」墨筆眉批：「鐵山三千六百九。」

「黃帝問於伯高曰」。墨筆眉批：「伯高。」

「吾謹逃其蚤牙」。墨筆眉批：「謹逃其爪牙。」

「苟山之見其榮，君謹封而祭之。」墨筆眉批：「山榮。謹祭。」

「此見戈之本也」。墨筆眉批：「見戈之本。」

「上有鉛者，其下有銈銀；上有丹沙者，其下有銈金」，「此山之見榮者也。」墨筆眉批：「銈銀。銈金。見榮。」

「玉起於牛氏邊山；金起於汝漢之右洿。」硃筆眉批：「後牛氏作禺氏，右洿作右衢。」又墨筆眉批：「牛、禺二音通。即今中州人呼牛爲偶婁切之聲也。」

「武王立重泉之戍，令曰：民自有百鼓之粟者不行，民舉所最粟，以避重泉之戍。」墨筆眉批：「重泉之戍百鼓。最卽聚字。」

「准衡之數也」。墨筆眉批：「准衡。」
「十人咶鹽」。硃筆眉批：「咶鹽。」

揆度第七十八

「謹逃其爪牙，不利其器。」房注：「藏祕鋒芒，不以示人」云云。墨筆眉批：「謹逃其爪牙，不利其器，注不然。逃爪牙，似即下逐禽獸。」
「北用禺氏之玉」。墨筆眉批：「禺氏之玉。」
「皆以雙武之皮」。墨筆眉批：「雙武。」
「列大夫豹幨」。墨筆眉批：「幨。」
「二五者，童山竭澤」。墨筆眉批：「二五。」
「劓以爲門父」。墨筆眉批：「門父。」
「故相任寅爲官都」。墨筆眉批：「故相任寅爲官都。」
「此謂大准」。墨筆眉批：「大准。」
「動左右以重相因」。墨筆眉批：「動左右。」
「一歲耕，五歲食粟」。墨筆眉批：「耕。粟。」
「陰山之礝碈，一筴也；燕之紫山白金，一筴也；發、朝鮮之文皮，一筴也；汝、漢水之右衢黃金，一筴也；江陽之珠，一筴也；秦明山之曾青，一筴也；禺氏邊山之玉，一筴也。」墨筆眉批：「礝碈。白金。文皮。黃金。珠。曾青。玉。」

「君請使與正籍者」。墨筆眉批：「正籍。」

「吾非埏埴搖鑪橐而立黄金也。」墨筆眉批：「槖字當是橐字。」

「黄金起於汝、漢水之右衢，玉起於禺氏之邊山。」硃筆眉批：「前右衢作右洿，禺氏作牛氏。」

「上農挾五」。墨筆眉批：「農。」

「隨之以法，則中内摲民也。」墨筆眉批：「摲。」

「一穀不登減一穀」。墨筆眉批：「穀。」

輕重甲第八十

「伊尹以薄之游女，工文繡纂組一純」。墨筆眉批：「薄之游女。純。」

「里有積五窌，民無以與正籍者」。墨筆眉批：「窌。正籍。」

「夏不束柎」。墨筆眉批：「柎。」

「夷競而積粟」。墨筆眉批：「夷競。」

「女華者，桀之所愛也」，「曲逆者，桀之所善也」。墨筆眉批：「女華。曲逆。」

「請戰衡、戰准、戰流、戰權、戰勢。」墨筆眉批：「衡、准、流、權、勢。」

「今每戰，輿死扶傷，如孤荼首之孫，仰傳戟之寶」。墨筆眉批：「孤荼首之孫，仰傳戟之寶。」

「故遷封倉邑」云云，「遷封食邑」。墨筆眉批：「倉、食二字易混。」

「子與之定其券契之齒，金鉱之數」。墨筆眉批：「券契之齒。金鉱。」

「靡得相鬻而養之」。墨筆眉批：「靡得，靡字要解。」

「士爭前戰爲顏行」。墨筆眉批：「顏行。」

「請以令高杠、柴池。」墨筆眉批：「高杠、柴池。」

「天酸然雨」。墨筆眉批：「天酸然雨。」

「舍牛馬之力所無因」。墨筆旁批：「所無卽無所。」

「必離其牛馬」。墨筆眉批：「離其牛馬。離，麗也。」

「弓弩多匡軫者」。墨筆眉批：「匡軫。」

「鶤鷄鵠⿰鳥包之通遠」。墨筆眉批：「⿰鳥包卽鴇耶？」

「行事期年而上無闕者，前無趨人，三月解匄。」「上」字旁硃筆批：「工。」墨筆眉批：「匄。上無闕者，前無趨人，不解。」

「彼十鈞之弩，不得⿱非束擏」。墨筆眉批：「⿱非束。擏卽檠。字書不見⿱非束字，或是棐之小訛。棐，小束也。玉篇有⿰束韋字，束也。非、韋之聲近，可諧通，或古有此字。」

「故三月解匄」。墨筆眉批：「匄。」

「寡人欲藉於室屋。」墨筆眉批：「藉是籍意。」

「君請籍於鬼神。」墨筆眉批：「籍於鬼神。」

「聖人乘幼」。墨筆眉批：「乘幼。」

「秋歛落原魚以爲脯」。墨筆眉批：「歛落原魚。」

「令以矩游爲樂。」墨筆眉批：「矩游。」

「立大舟之都。大身之都，有深淵壘十仞。」墨筆眉批：「大舟之都。」又墨筆改「身」爲「舟」。

「以待戰於曲簹，大敗越人，此之謂水豫。」墨筆眉批：「曲簹。水豫。」

「齊之北澤燒火」。墨筆眉批：「燒火。」

「春有以傳耜，夏有以決芸。」墨筆眉批：「傳耜。決芸。」

「以唐園爲本利」。墨筆眉批：「唐園。」

「不得事轎」。墨筆眉批：「轎。」

「手搔之功」。墨筆眉批：「手搔。」

「陰王之國有三」。墨筆眉批：「陰王之國。」

「齊有渠展之鹽」。墨筆眉批：「渠展。」

「中齊有薔石也」。墨筆眉批：「薔石。」

「天下倪而是耳」。墨筆眉批：「倪而是。」

「安用此鹽而可？」墨筆眉批：「鹽。」

「安用金而可？」墨筆眉批：「金。」

「若輸之給馬」。墨筆眉批：「輸之給馬。」

「請以給其口食筥曲之彊」。〔二〕硃筆眉批：「筥。」又墨筆眉批：「彊字在此何意？」

「春日傳耜」。硃筆眉批：「傳。」

「一農不耕」。「一女不織」。墨筆眉批：「耕、織。」

「事四其本，則正籍給。」墨筆眉批：「正籍。」

〔二〕「以」字，傅山全書初版本脱，據批點底本補。

「是使姦涂不可獨行」，「則是下艾」。墨筆眉批：「涂。下艾。」

「東車五乘，迎癸乙於周下原。桓公問四因。」硃筆改「東」爲「束」。墨筆眉批：「癸乙。四因不解。」

「唯好心爲可耳」。墨筆眉批：「好心。」

「故知三准同筴者，能爲天下」。墨筆眉批：「三准同筴。」

「今傳戟十萬，薪菜之靡，日虛十里之衍。」墨筆眉批：「傳戟。衍。」

「然則一農之事，終歲耕百畝」，「乃中二金之財耳。」墨筆眉批：「一農之事，終歲二金。」

「一農之事，有二十金之筴。」墨筆眉批：「一農之事，有二十金之筴。」

「湩然擊鼓」，「筴桐鼓從之」，「口滿用，手滿錢」。墨筆眉批：「湩。筴桐鼓。口滿用，手滿錢。」

「大臣執於朝」。墨筆眉批：「執。」

「吳越不朝」。「發、朝鮮不朝，請文皮毤服」。「禺氏不朝」。「崐崘之虛不朝」。墨筆眉批：「吳越。發、朝鮮。毤。禺氏。崐崘。」

「一豹之皮，容金而金也。」墨筆眉批：「容金而金不解。」

輕重乙第八十一

劉績注：「輕重篇猥瑣之極，是市人所不屑爲者，謬妄甚矣。」硃筆眉批：「若論猥瑣，實猥瑣。想當時齊國地員不過三百六十里，而其中之人稠地窄，不爾猥瑣，當不能生聚耶？」

「天下之朝夕可定乎？」墨筆眉批：「朝夕。後十九葉有朝夕字。」

「地之東西二萬八千里」云云，「民之入正籍者，亦萬有餘里。」硃筆眉批：「此卻不僅説齊國之治。」又墨筆眉批：「正籍。」

「有倪而是者」。硃筆眉批：「倪而是者不解。」又墨筆旁批：「似謂倪生長在近地者。」

「是天子塞其涂，熟穀者去，天下之可得而霸。」墨筆眉批：「塞其涂。熟穀者。去猶棄也，謂棄天子之可得者。」又硃筆眉批：「天下可得之而霸。」又墨筆旁批：「此句似謂遠諸侯，因怨而圖霸，但傳來文字，有顛倒處。」

「仳諸侯度百里」。墨筆眉批：「仳。」

「幣沸水之鹽以日消」。墨筆眉批：「幣。沸。鹽。」

「武王問於癸度曰」。墨筆眉批：「癸度。」

「玉出於禺氏之旁山。」墨筆眉批：「禺氏。」

「一農之事，必有一耜、一銚、一鎌、一鎒、一椎、一銍。」墨筆眉批：「耜、銚、鎌、鎒、椎、銍。」又墨筆旁批：「説文：耜，臿也。銚，斛鍬也。鎌，説文：鍥也。鎒，即槈字，説文：薅器也。纂文曰：鎒如鏟，刺地除草。椎，擊也。銍，説文：穫禾短鎌也。」

「一車必有一斤、一鋸、一釭、一鑽、一鑿、一銶、一軻。」墨筆眉批：「斤、鋸、釭、鑽、鑿、銶、軻。」又墨筆旁批：「斤，説文：斫木也。鋸，説文：槍唐也。釭，説文：車轂中鐵。鑽，説文：所以穿也。鑿，説文：穿木也，廣韻：鏨也。銶，詩：又缺我銶。毛傳：木屬曰銶。注：一曰，今之獨頭斧。説文：軻，接軸也。接軸兩字亦難解。」

「一女必有一刀、一錐、一箴、一鉥。」墨筆眉批：「刀、錐、箴、鉥。」

「河淤諸侯，畝鍾之國也。磧，山諸侯之國也。河淤諸侯常不勝山諸侯之國者，豫戒者也。」墨筆眉批：「河淤。磧。山諸侯。豫戒。」

「昔狄諸侯，畝鍾之國也，故粟十鍾而錙金。程諸侯，山諸侯之國也，故粟五釜而錙金。故狄諸侯十鍾而不得傳戟，程諸侯五釜而得傳戟。」墨筆眉批：「狄諸侯。程諸侯。山諸侯。傳戟。」又墨筆旁批：「左傳：釜十爲鍾。鍾，六斛四升也。錙，說文：六銖也。一曰：八兩爲錙。說文：銖，十分黍重也。一曰：十黍爲絫，十絫爲銖。又八銖爲錙。釜，六斗四升。」

「正籍者，君之所強求也。」墨筆眉批：「正籍。」

「可以爲益愈，而未足以爲存也。昔者紀氏之國」云云。墨筆眉批：「益愈。紀。」

「天下多我寡」。墨筆眉批：「天下多我寡。」

「涇水十二空：汶淵、洙浩，滿三之於。」墨筆眉批：「涇、汶淵、洙浩。滿。」

「量其艾，一收之積。」墨筆眉批：「艾。」

「請以一朝，素賞軍士。」墨筆眉批：「素賞。」

「以令至鼓期於泰舟之野」。墨筆眉批：「泰舟之野。」

「有一人秉劍而前，問曰：幾何人之衆也？」墨筆旁批：「此是秉劍而出者問云：說破衆賜金，不知是多少人之衆。」

「管子曰：『千人之衆。』『千人之衆，臣能陷之。』」「衆、千」之間硃筆增一「曰」字。

「管子曰：『千人之長。』『千人之長，臣能得之。』」「長、千」之間硃筆增一「曰」字。

「言能得者，壘千人。」墨筆眉批：「言能得者壘千人一句，不甚明白。」墨筆旁批：「應執將首者之問。此千字恐誤。」

「戰於莒必市里。」墨筆眉批：「莒必市里。」

「令富商蓄賈，百符而一馬。」墨筆眉批：「百符而一馬。」

「崇弟蔣弟，丁、惠之功世」。硃筆眉批：「崇弟蔣弟。」

「囷窌之數」。房注：「窌，力救反。」墨筆眉批：「窌音力救反，非，當卽窖字也。」

「吾欲殺正商賈之利」。墨筆眉批：「正商。」

「請以令與大夫城藏」。墨筆眉批：「城藏。」

「管子對曰：衡無數也。」墨筆眉批：「衡無數。」

「歲有四秋而分有四時。」墨筆眉批：「四秋。」

「惟曲衡之數爲可耳。」墨筆眉批：「曲衡。」

「請以令爲諸侯之商賈立客舍。」墨筆眉批：「立商賈之舍。」

輕重丁第八十三

「石壁謀。」硃筆眉批：「所謂獨把子生意。」又墨筆眉批：「陰里石璧。」

「毋至其本，名之曰菁茅。」墨筆眉批：「菁茅。毋至其本。」

「桓公曰：寡人多務」一段。墨筆眉批：「鏤枝蘭鼓之獻。」

「其稱貸之家，多者千鍾，少者六七百鍾。其出之鍾也一鍾」云云。墨筆眉批：「左傳：釜十爲鍾，六斛四斗也。又小爾雅：三缶謂之鍾。稱貸之家，以下文丁、惠、高、國看之，是放債者也。受息則爲借債者矣。出之，不知是謂放債之家，不知是謂借債出息之家。出之，以下文『中伯二十』考之，無以二十當伯之理。似謂出息者，每伯加二十也。然則鍾一鍾，是本利停對伯五。鍾五釜，是今加五之利也。」

「若處上、斷福，漁獵之萌也。」墨筆眉批：「處上、斷福，似是地名。」

「其出之中，鍾五釜也。」墨筆眉批：「釜，六斗四升。」

「不棄我君之有萌中一國而五君之正也，然欲國之無貧，兵之無弱，安可得哉？」墨筆眉批：「不棄我君之有萌中一國而五君之正也，義似謂四方之萌不棄損我君，尚能應其征供也。正卽征也，謂征取也。周禮：載師國宅無征。注：税也。鄭司農云：任也，謂任土地以起税賦也。亦通作正。若有甲兵之事，司馬弗正。葉氏曰：征者，正取於民。」墨筆旁批：「文法之古拙至矣，後人那復能？四方各有一稱貸之家，〔二〕中坐齊公一君，是共有五君。萌各歸依其所稱貸者，而其所營，皆歸於四方稱貸之家矣。」

「君之棧臺之職」。墨筆眉批：「棧臺之職，似學鏤枝蘭鼓者耶？」

「寡人有鏤枝蘭鼓，其賈中純萬泉也。願以爲吾貧萌，決其子息之數。」墨筆眉批：「鏤枝蘭鼓。」又硃筆眉批：「決。純萬泉，猶言足萬泉邪？亦言其泉之精美者爲純邪？」

「上之所急，可以無庶乎？」墨筆眉批：「可以無庶乎？義似勉力庶幾之意。」

「昔者癸度居人之國」。墨筆眉批：「癸度。」

「昔萊人善染，練茈之於萊，純緇，緺綬之於萊，亦純緇也。其周中十金，萊人知之。聞纂茈空周，且斂馬作，見於萊人操之。萊有推馬，是自萊失纂茈，而反准於馬也。」墨筆眉批：「纂茈。

〔二〕「家」字原本殘缺，據文義補。

綦茈。推馬。」又硃筆眉批：「茈卽紫草。前有賈中純萬泉之語，則此純錙，是價之數。說文：錙，六銖。銖權十分黍之重也。」又「其周中十金」旁硃筆批：「於萊値純錙者，於周中十金。」又硃筆根批：「義亦口可口，只是口字不明白。」

「今齊西之粟，釜百泉，則鏂二十也。」墨筆眉批：「鏂。」

「溝瀆阬而不遂，谿谷報上之水不安於藏。」墨筆眉批：「阬。報上之水。」

「故君謹守泉金之謝」云云。墨筆眉批：「謝。」

「龍鬬於馬謂之陽、牛山之陰。」墨筆眉批：「馬謂之陽，牛山之陰。」

「地重投之哉兆，國有慟。風重投之哉兆，國有槍星。」墨筆眉批：「地重投之哉兆。風重投之哉兆。」

「請以召令城陽大夫而請之。」墨筆眉批：「城陽大夫。」

「鵜鶿含餘粖」。墨筆眉批：「粖。」

「齊鍾鼓之聲」云云。硃筆眉批：「者不差。」

「故子母復見寡人」。硃筆改「母」爲「毋」。

「此之謂繆數」。墨筆眉批：「繆數。」

「崢丘之戰」。墨筆眉批：「崢丘。」

「寡人欲復業產，此何以洽？」墨筆眉批：「洽。」

「惟繆數爲可耳」。墨筆眉批：「繆數。」

「州通之師執折箓曰」。墨筆眉批：「執折箓。」

「式璧而聘之」。墨筆眉批：「式璧。」

「使吾萌春有以傳耜」。墨筆眉批：「傳耜。」

「決擭、洛之水，通之杭、莊之間，則屠酤之汁肥。流水則蟲虻巨雄、翡燕小鳥皆歸之。宜昏飲，此水上之樂也。」墨筆眉批：「擭、洛。杭、莊。蟲虵巨雄。蟲是蚊子耳，何所用而投之？」「屠酤之汁肥」旁墨筆批：「此謂肥膩之汁，流於水中也。」「宜昏飲」旁墨筆批：「謂逸樂水上也。」又硃筆改「虻」爲「虵」。

「新冠五尺，請挾彈懷丸游水上」。墨筆旁批：〔一〕「此不解，似謂少年耳。」

「令沐途旁之樹枝，使無尺寸之陰。」墨筆眉批：「沐途旁之樹枝。」

「有新成囷京者二家，君請式璧而聘之。」墨筆眉批：「聘囷京者。」

「敢問齊方于幾何里」。墨筆根批：「于，以詞。」

「洴龍夏，其於齊國四分之一也，朝夕外之。所壖齊地者，五分之一。」墨筆眉批：「洴，恐即滓字。龍夏。壖。朝夕，輕重乙首篇有朝夕字。」

「皆以孤突之地封者也」。墨筆眉批：「孤突之地。」

「君以織籍籍於系未爲系籍系撫織」。墨筆眉批：「撫。君以織籍籍於系未爲系籍系撫織，不知何爲句。」

「湯之以高下，注之以徐疾」。墨筆眉批：「湯。注。」

〔一〕「旁批」，傅山全書初版本誤作「眉批」，據手稿改。

輕重戊第八十四

「造六岦以迎陰陽」。墨筆眉批：「六越來越岦。」

「無茲胢之病」。墨筆眉批：「茲胢。」

「外鑿二十宜，䤈十七湛」。墨筆眉批：「鑿宜。䤈湛。」

「立帛牢，服牛馬」。墨筆眉批：「帛牢。」

「循六峑」。墨筆眉批：「峑恐卽前岦字小差。」

「魯、梁之於齊也，千穀也」。墨筆眉批：「千穀不解。」

「魯、梁之民俗爲綈」。墨筆眉批：「綈。」

「䌹繑而踵相隨，車轂齺騎，連伍而行。」墨筆眉批：「䌹繑。齺。」

「應聲之正，無以給上」。墨筆眉批：「應聲之正。」

「沐涂樹之枝也」。墨筆眉批：「沐涂樹。涂卽途。」

「左右伯受沐涂樹之枝闊。其年，民被白布，清中而濁。」墨筆眉批：「濶。清中而濁連被白布爲文，不解。」又「清中而濁」旁墨筆批：「四字何義？」

「以其不埍也」。墨筆眉批：「埍。」

「倪終日不歸」。墨筆眉批：「倪，又似兒字。」

「今吾沐涂樹之枝」。墨筆旁批：「最無趣味之着。」

「重萊之柴賈」。墨筆眉批：「柴賈。」

「公貴買其鹿」。墨筆眉批：「鹿。」
「令左司馬伯公」，「令中大夫王邑」云云。墨筆眉批：「伯公。王邑。」
「代之出狐白之皮」，「狐白應陰陽之變，六月而壹見」。墨筆眉批：「狐白之皮。狐白六月而一見。」
「離枝聞之，必侵其北。」墨筆眉批：「離枝。」
「貴買衡山之械器而賣之」。墨筆眉批：「械器。」

輕重己第八十五

「搢玉總，帶玉監」。墨筆眉批：「玉總。玉監。」
「耟耒耨，懷鉊鉛，又播權渠緉緤」。墨筆眉批：「耟。鉊。鉛。播。緉。權渠。」
「皆就官而衆可事者」。墨筆眉批：「衆可事者。」
「循於百姓，號曰祭星。」墨筆眉批：「祭星。」
「處里爲下陳，處師爲下通，謂之役夫三不樹而主使之。」墨筆眉批：「下陳。下通。三不樹。」
「毋斬大山，毋戮大衍」。墨筆眉批：「戮大衍。」
「同族者人，殊族者處，皆齊大材，出祭王母。」墨筆眉批：「同族者人，殊族者處。王母。」
文下又墨筆批：「人。處。」
「無功者皆稱其位而立沃有功者。」劉績注：「沃一作汰。」墨筆眉批：「沃有功者。沃作汰亦無義。文義似謂優厚之意，以報功耳。」

「天子祀於太𢗼」。墨筆眉批：「太𢗼。」

「搢玉總，帶錫監」。墨筆眉批：「錫監。」

「循於百姓，號曰祭月。」墨筆眉批：「祭月。」

「作衍牛馬之實在野者」。墨筆眉批：「作衍牛馬之實。」

「號曰發繇。」墨筆眉批：「發繇。」

「凡在趣耕而不耕」。墨筆眉批：「趣耕謂當急於趣走以耕之時。」

「穫渠當脅軥，蓑笠當抾櫓」。墨筆眉批：「軥。穫渠。抾櫓。」

卷六十四　書小楷曾子問批語　管子評注　鶡冠子精語　墨子經簡注等

書小楷曾子問批語〔一〕

「反葬奠，而後辭於殯，遂脩葬事。」殯音賓。

「孔子曰：天子巡守，以遷廟主行，載於齊車，言必有尊也。」齊車，金路也，又名公禰。必以遷廟主者，蓋七廟無虛主，而遷主無廟，其尊在三昭三穆之上，故載之以行也。

「曾子問曰：古者師行無遷主，則何主？孔子曰：主命。」天子初王未及八世，諸侯受封未及六世，皆無遷主。

「曾子問曰：君之喪既引，聞父母之喪，如之何？孔子曰：遂，既封而歸，不俟子。」傅山曰：此節非情。

「曾子問曰：殤不祔祭，何謂陰厭陽厭？」祔讀如備。

癸巳冬，教眉、仁爲小楷書此，於今十二年矣。眼花廢書，來近二年。客冬右臂作痛，不敢捉筆，又七八月矣。偶簡敝簏自攬，字無足存，然寫時敬謹之意固在行間，兒輩知之。甲辰四月二十一日。

〔一〕此篇據霜紅龕墨寶整理，標題爲整理者所加。

管子評注〔一〕

任法篇

「孟行」。注：「孟，大也。」

「法者不可恆也。」言與篇名反。愚謂法者，不以可人之意爲常也。升庵曰「亦反言之」，未當。

「諶杵」。注：「杵所以碎物。謂姦詐之人，僞託于諶以毁君法。」

明法篇

「百官識非惠也，刑罰必也。」注「必令百官識非公之惠，而不敢受」，是何語？劉績又曰「識當作職」。愚謂惠古與慧通，謂百官于事皆似有明識者，而非其性之皆明惠也。刑罰必也，畏而不妄作。

正世篇

「治莫貴於得齊。」齊當讀如劑。

〔一〕　此篇據山西博物院藏手稿整理，由吳連城先生釋文，曹玉琪重校。只存一册殘稿。標題爲編者所加。

山至數篇〔一〕

「桓公問於管子曰：『誰衡輕重國會，吾得聞之矣。請問縣數。』對曰：『狼牡以至於馮會之日，龍夏以北至於海莊，禽獸牛羊之地也。何不以此通國筴乎？』桓公曰：『何謂通國筴？』管仲對曰：『馮市門一吏書贅，直事若其事，唐圉牧養人，養視不失扞殂者，去其都秩，與其縣秩。大夫不鄉贅合遊，謂之無禮義。大夫幽其春秋，列民幽其門山之祠。馮會、龍夏牛羊犧牲，月賈十倍異日，此出諸禮義，籍於無用之地，因撌牢筴也，謂之通。』」

鶡冠子精語〔二〕

不可解者亦附之待問。

「不死不生，不斷不成。」博選第一。

「體隨安之而弗敢處，然後禮生；心雖欲之而弗敢信，然後義生。」著希第二。

「致信究情，復反無貌，鬼見不能爲人業，故聖人貴夜行。」夜行第三。

「自知慧出，使玉化爲環玦者，是政反爲滑也。」天則第四。

「氣相加而爲時。」「萬物相加而爲勝敗，莫不發於氣。」「命者絜己之文者也。」「引其聲，合之名，其得時者成，命曰調；引其聲，合之名，其失時，精神俱亡，命曰乖。」「然則其所以爲一者，

〔一〕此標題手稿無，爲編者所加。

〔二〕此篇據山西博物院藏手稿整理，由吳連城先生釋文，曹玉琪重校。只存幾葉殘稿。

不可一也。知一之不可一也，故貴道。空之謂一，無不備之謂道。」「積往生跂，工以爲師；積毒成藥，工以爲醫。」環流第五。

「命之所立，賢不必得，不肖不必失。」環流。

「所備甚遠，賊在所愛。」道端。

「君者天也，天不開門戶。」道端第六。

「兵者百歲不一用，然不可一日忘，是故人道先兵。」「用人而擇之者亡。」「法度無以噆意爲摸。」「蒼頡作法書，從甲子，成史李官。蒼頡不道，然非蒼頡文墨不起。從法之載於圖者，其於以喻心達意，揚道之所謂，乃纔居曼之十分之一耳。」近迭篇第七。

「近迭」不解命義。篇中有「是故師未發軔而兵可迭也」之句，大概謂使非其任，妄舉失策之兵，不曾發軔，而卽爲敵所敗耳。

「天者神也，地者形也。地溼而火生焉，天燥而水生焉。法猛刑頗則神溼，神溼則天不生水音，故聲倒則形燥，形燥則地不生火，水火不生，則陰陽無以成氣。」度萬。

「氣由神生，道由神成。」須細解。〔一〕度萬。

「音者天之三光也，聲者地之五官也。」度萬。在「氣由神生」前。

「神化者尸氣皇。官治者尸神明。教治者尸賢聖。〔二〕因治者尸後王。事治者尸公伯。」度萬第八。

〔一〕此三字，傅山全書初版本脫，據手稿補。

〔二〕「賢聖」，傅山全書初版本誤作「聖賢」，據手稿改。

「天誠信，明因一。」〔二〕王鈇第九。「誠日德，信月刑，明星稽，因時則，一法同。」

「置下不安上，不可以載。」王鈇。

「下情六十日一上聞，上惠七十二日一下究。」王鈇。

「九皇受傅，以索其然之所生，傅謂之得天之解，傅謂之得天地之所始，傅謂之道，得道之常，傅謂之聖人，聖人之道與神明相得。」泰鴻篇第十。一連五傅字，陸注曰：「受教於傅。」於文義不合。不知的爲「傳」字耶，「傅」字耶？

「傾傾。」或作鴻，猶汞汞。「錄錄。端端玉玉。」

「昧玄生色，音聲相衡。東方者，萬物立止焉，故調以徵；南方者，萬物華羽焉，故調以羽；西方者，萬物成章焉，故調以商；北方者，萬物錄藏焉，故調以角；中央者，太一之位，〔三〕百神仰制焉，故調以宮。」五音惟西金中土用本音，而東南北兩用所洩，一用所勝，中有微義，須細注之。泰鴻。止徵、羽羽、章商、錄角，又皆以同聲爲調。角與錄亦叶。角如局聲，然角本有錄之一音，如角里是也。觮卽角字，或作觻，又作䱚。「雀角」之角，亦古音錄，不必云角角之别。

「和也者，無形而有味者也。」泰鴻。

「天受藻華，以爲神明之根者也；地受時，以爲萬物原者也。」泰鴻。

「神聖詳理，惡離制命之柄，斂散精華，以慰地責天者也。」泰鴻。注：「詳，或作祥，或無詳理二字，作庠惡。制命之柄或無離字。」陸佃曰：「老子所謂利器不可以示人也。」愚謂「詳理」兩

〔二〕「一」字，傅山全書初版本脫，據手稿補。
〔三〕「一」，傅山全書初版本誤作「乙」，據手稿改。

字斷非鶡冠之言。糟腐可厭，徑删去。「神聖惡離」云云，亦可爲句。作「庠惡」者，亦無義。

「怨沒澄物，天下以爲自然。」上四字不解。泰錄。

「未離己而在彼者，狎漚也。」

「流分而神生，動登而明生。」注：「流分，水。動登，火。」泰錄。

「物有相勝，故水火可用也。」世兵篇。

「欲驗九天之高者，行不徑請。」世兵篇。

「檣枋一術，奚足以游。」世兵。注：「檣如檣銎之檣。」銎字，斤柄孔也。

世兵篇語無甚奇，其義甚妙。法固當任，若內不以道消息之，唯有慘刻耳。

「明者爲法，微道是行。」

「彼時之至，安可控摶。」

「一目之羅，不可以得雀；籠中之鳥，空窺不出。」陸注謂「太疏、太密」，於本文似背。一目不得雀，既置籠中，又不能出，謂籠亦合衆目而爲之者。

「勾踐不官，二國不完。文王不幽，武王不正。管仲不羞辱，名不與大賢，功不與三王，鈃面備矣。」王鈇篇末云：「聖人高大，内揣深淺遠近之理，使鬼神一失，不復息矣。與天地相蔽，至今尚在，以鈃面達行。宜乎哉，成鳩之萬千歲也。」鈃面皆不解。

「子獨不見夫閉關乎？立而倚之，則婦人揭之；仆而措之，則不擇性而能舉其中。若操其端，則雖選士不能絕也。關尚一身而輕重異之者，勢使之然也。」兵政篇。

「其化薄，而出於相以有爲也。」備知篇。

「國有無服之喪，無軍之兵。」備知篇。

「彼心爲主，則内將使外；内無巧驗，近則不及，遠則不至。」學問篇。此心字所謂囫圇心也，不虚不靈，剛愎蔽錮之人。

「冥林乃健」。無注。愚謂冥，默不露也。林如「有壬有林」之林。

「龐煖曰：王獨不聞俞跗之爲醫乎？已成必治，鬼神避之。」世賢篇。

「知宇故無不容也。」天權篇。

「鳥乘隨隨，鴝飛垂鰍。」天權。

「蕭楯」。天權篇。

「王鈇非一世之器也，以死遂生從中制外之教也。後世成至孫一靈羽，理符日循，功弗敢敗。奉業究制，執正守内，拙弗敢廢。樓蕳與旱，以新續故，四時執効，應錮不駿，后得入廟，惑爽不嗣，謂之焚。祖命冒世，禮嗣弗引，奉常弗内，靈不食祀，家王不舉祭，天將降咎，皇神不享，此所以不改更始逾新之道也。」此段只是守先王之法，不得擅改。敬祖法天，兼而有之。義本明白，句特雕鑽耳。

墨子經簡注〔一〕

經上第四十

「爲，存、亡、易、蕩、治、化。罪，犯禁也。」硃筆旁批：「此句似不在此處，似當在『權

〔一〕此篇據傅山書墨子經墨蹟釋文，文物出版社二〇〇三年版。由竇元章摘錄整理。傅山全書初版本未收。

害』下。」

「同，重、體、合、類。罰，上報下之罪也。異，二、不體、不合、不類。」硃筆旁批：「『賞，上報下之功也。』『同，重、體、合、類。罰，上報下之罪也。異，二、不體、不合、不類。』是一段。『之功也同』，是句與下『之罪也異』對。」

「同異交得，放有無。」硃筆旁批：「又承上文。」

「服執説。音利。巧轉則求其故。大益。儇，稘秪。法同則觀其同。庫，易也。法異則觀其異。動，或從也。止，因以別道。讀此書旁行，缶無非。」墨筆旁批：「『服執』以下不可解。而斷章解之，謂服執專事于説巧之人，輐轉求其故，而不一定其説，以偵探其所説者之意。蓋其儇利而稹密適可，于同異之間，隨其同異而同異之。」又墨筆批：「『稘』字，字書不見。或是『稹』字之訛。『糗』字或作『𥟇』，豈復『𥟇』之訛耶？『秖』字，章移切，適也。『秪』字，竹尸切，禾始熟也。不知是『秪』是『秖』？」

經下第四十一

題下墨筆批：「訛錯不可句讀，固也。設有成句，即多微言。」

經説上第四十二

「恕，恕也者，以其知論物，而其知之也著。」硃筆旁批：「此『恕』字恐是前篇『恕』字。」

「損，偏也，兼之禮也。」硃筆旁批：「此『禮』字恐是『體』字。」

「不俱當，必或不當，不若當犬。爲，欲𩁹其指」云云。硃筆旁批：「『犬』字似當屬下句讀。」

篇末硃筆批：「『雔』，字書無之，上下文以『雔』『騷』互，恐『雔』即『騷』之訛。『隹』似『馬』之訛，『養』似『蚤』之訛耶？又左右易之耳。若可易，則當作『[illegible]』。『馬』有『与』，『蚤』有『蚕』，下之『虫』又訛爲『良』也。此書眞悶殺人，再購善本一明白之。」

「聲出口，俱有名，若姓宇。」『宇』字旁墨筆批：「恐是『字』。」

墨子小取篇簡注〔一〕

「小取篇。」題下墨筆批：「謂明器也。此楊朱逕與墨教同。」又硃筆批：「迂而無用，煩而有味，所以不可廢也。」

「獲之視，人也。」墨筆旁批：「此『視』字，即是『事』字之訛，又當復一『人』字。」

「人船，非人木也。」墨筆旁批：「此『人』字亦當『乘』字之訛。」

「無難盜無難矣。」墨筆旁批：「此六字有脫文。」

〔一〕此篇據原晉先生藏手稿釋文，由竇元章摘錄整理。傅山全書初版本未收。

卷六十五　莊子翼批注〔一〕（一）

第一册封面墨筆批：「逍遥遊無理字。齊物論無理字。養生主一天理字，右師介偏刖。人間世無理字。德充符，王駘、申屠嘉、叔山無趾；無理字。大宗師無理字。七篇絕不見一理字。吊詭，齊物篇，二字原難解，吊讀如的，注曰：『吊當詭卓。』齊物論中『爲是』兩字屢用，亦不可無意看過。德厚信矼，未達人氣，人間世。惠子問：『人故無情乎？』莊子曰：『然。』見德充符。角鹿；天子御不剪爪，德充。軵，大宗師：而奚來爲軵；鏊；心齋；坐忘；夫道，有情有信；亡國而不失人心，大宗師。」

第一册扉頁墨筆批：

逍遥：湯。棘。宋榮子。堯。許由。肩吾。連叔。接輿。惠子。莊子。

齊物：南郭子綦。顏成子游。昭氏。師曠。惠子。堯。舜。齧缺。王倪。鵲瞿子。長梧子。罔兩。景。

養生主：庖丁。文惠君。葉公子高。顏闔。蘧伯玉。匠石。南伯子綦。支離疏。接輿。

德充符：兀者王駘。仲尼。常季。申徒嘉兀者。子產。伯昏無人。兀者叔山。哀公。哀駘它。

〔一〕此篇據吳豐培先生家藏傅山、傅眉批點手稿整理。批點底本爲明萬曆十六年（一五八八年）焦竑自刊本。由吳豐培先生釋文。傅山全書初版本誤作「中央民族學院圖書館藏」，吳先生家藏的證據見本書附錄五傅青主壽毛父子手批莊子翼跋，由吳豐培先生之子吳錫琪先生提供。因此書早已轉讓，未能找到收藏者，故此次重編時未能重校，只改動了個別明顯的錯字與標點。

閔子。闉跂。衞靈公。甕盎。惠子。莊子。

大宗師：狐不偕。務光。伯夷。叔齊。箕子。胥餘。紀他。申徒狄。豨韋氏。伏戲。維斗。堪坏。馮夷。肩吾。黄帝。顓頊。禺强。西王母。彭祖。傅説。南伯子葵。女偊。小梁倚。子祀。子輿。子犂。子來。子桑戶。孟子反。子琴張。孔子。子貢。顔回。孟孫才。意而子。許由。無莊。據梁。

應帝王：齧缺。王倪。肩吾。接輿。天根。無名人。陽子居。老聃。季咸。列子。壺子。日中始。

讀莊子七則，見筆乘。

「夫以訶佛詈祖爲訓恩，則皈依讚嘆者爲倍德矣。」墨筆於前一句旁批：「此是不爲佛祖瞞底。」於後一句旁批：「此是被他瞞殺底。」

「言多詭誕，或似山海經，或類占夢書，故注者以意去取。」墨筆於「注者以意去取」旁批：「可惜去了。」

「若君平所引，其爲象所删，無足疑者。」硃筆旁批：「可惜被此細人胡删。」

「噫，象誠僞識者哉！」墨筆尾批：「象那得僞識！」

逍遙遊第一

墨筆旁批：「一千四百六十三字。」又墨筆眉批：「好文章，不見理字性字。」

郭注：「夫大小雖殊，而放於自得之場，則物任其性，事稱其能，各當其分，逍遥一也。」硃筆旁批：「極易見底旨趣，而象胡説。」

副墨：「人以呼吸爲息，造物以四時爲息。去以六月息者，六月大風方發，鵬因之從而南也。」墨筆眉批：「如此解，當云去須得六月之大息者也。」

「且夫水之積也不厚，則負大舟也無力。覆杯水於坳堂之上，則芥爲之舟；置杯焉則膠，水淺而舟大也」云云。硃筆眉批：「好文章。」

「故九萬里，則風斯在下矣，而後乃今培風。」墨筆眉批：「培風，注都不解。」

郭注：「二蟲，謂鵬蜩也。」墨筆眉批：「明明白白二蟲是蜩與鷽鳩，而謂鵬蜩，奴人奴見乃至此。」

新傳。墨筆眉批：「王雱。」

循本：「冥卽南冥。靈，靈龜也。麟、鳳、龜、龍，謂之四靈。冥靈者，冥海之靈龜也。」墨筆眉批：「硬。」又墨筆尾批：「冥靈何説？」

循本：「拆椿字爲二箇八百，乘之以十，則二箇八千之數也。」墨筆眉批：「解椿字可笑之極。該打羅勉道十嘴巴。」又硃筆眉批：「出醜。」

「此小大之辨也。」硃筆眉批：「明白説着小大之辨，還要説鵬蜩一般邪？」

郭注：「嚮言二蟲殊翼，故所至不同。」硃筆眉批：「二蟲原不曾指鵬，而奴意死咬住不放，該打！」

支道林：「莊生建言大道，而寄指鵬鷃」云云。墨筆眉批：「再没有小而能逍遥之理，鵬鳩小大之辨，的有本文，老支如此，也不勞愛鷹馬神駿矣。」

須溪。墨筆眉批：「須溪之義本支公。」

新傳：「但各冥其極，均爲逍遥，累乎其體，均爲困苦。」墨筆眉批：「道理則可，注莊不然。」

「堯讓天下於許由」云云。墨筆眉批：「淺義明詞，而解者只麻煩。」

郭注：「故堯無對於天下，而許由與稷契爲匹矣。」硃筆旁批：「公乎？」

郭注：「此故俗中之一物，而爲堯之外臣耳。」硃筆旁批：「此等語止可加之後世巖居之士，豈得論由？」又硃筆眉批：「説是如此，堯不得爲逍遥矣。」

王旦論：「蓋道之在聖人，出則堯，隱則由也。」硃筆旁批：「出堯隱由終是周旋俗語。」

管見。硃筆眉批：「褚伯秀。」「有神堯在位，斯有許由在野，氣類感召，理有由然。」硃筆旁批：「可笑！」

「肩吾問於連叔曰：吾聞言於接輿」云云。墨筆眉批：「肩吾。連叔。接輿。」

「豈唯形骸有聾盲哉？夫知亦有之。」硃筆眉批：「知。」

「之人也，之德也，將磅礴萬物以爲一。」墨筆眉批：「德。」

郭注：「處子者，不以外傷内也。」「夫體神居靈而窮理極妙者，雖靜默閒堂之裏，而玄同四海之表，故乘兩儀而御六氣，同人羣而驅萬物。」墨筆眉批：「處子者，不以外傷内也。」又硃筆眉批：「説來中聽，只覺非後世可期矣。」

郭注：「物莫之傷者，言安於所傷。」硃筆眉批：「是何語？」

郭注：「夫堯之無用天下爲，亦猶越人之無所用章甫也。」墨筆眉批：「説是如此説得好聽，與本義卻别。」

管見：「及考經旨所歸，實尊之至也。謂世人所稱堯舜，推尊之爲聖人者，徒名其塵垢秕糠耳。」硃筆眉批：「硬與本文扭捩，可笑！」又墨筆旁批：「于本文文法何如？」

郭注：「蓋言小大之物，若失其極，則利害之理均；用得其所，則物皆逍遙也。」墨筆旁批：

「總是不知看文法。能解莊義而不知審莊文，難說。」

循本。墨筆眉批：「羅勉道循本。」

管見總論。墨筆眉批：「褚伯秀。」

齊物論第二

墨筆旁批：「時露眞諧，又時自混之。道之所在，金之在丱也。顯顯隱隱，任讀者遇之。通篇無理字、性字。」又墨筆旁批：「共二千九百九十七字。」

「南郭子綦隱几而坐」，「顏成子游立侍乎前」。墨筆旁批：「徐無鬼篇『南郭子綦』作『南伯子綦顏成子曰』。」

「今之隱機者，非昔之隱機者也」云云。墨筆眉批：「好文章。」

「今者吾喪我，汝知之乎？」硃筆眉批：「增一阿含第七卷五戒品：阿那律告闍拔吒婆羅門曰：『當除憍慢之結，莫計吾我染著之想。』時梵誌問阿那律曰：『何者是吾？何者是我？』阿那律曰：『吾者是神識也。我者是形體之具也。于中起識生吾我者，是爲憍慢結也。』」

「夫吹萬不同，而使其自已也，咸其自取」云云。硃筆旁批：「無有有無，寂喧喧寂。」

郭注：「莫不塊然而自生，則塊然之體大矣。」墨筆旁批：「無用。」

郭注：「烈風作則衆竅實。」硃筆眉批：「實字未善。」

郭注：「其於各得則同也。」墨筆旁批：「注中最厭語。」

郭注：「塊然而自生耳。」至「言物各自得」云云。墨筆眉批：「葛藤嘽咺，那裏用著者些麻煩。」

呂注：「苟知我之所自起，則存與喪未始不在我也。」墨筆眉批：「都是說夢。」

疑獨。硃筆眉批：「林。」「若夫無聲無竅者，非風所能入，列子所謂疑獨是也。」墨筆旁批：「憑空贅出多羅語。」

新傳。硃筆眉批：「王雱。」「然風不能鳴無竅」。墨筆眉批：「半天之風，常鳴之矣。」

循本。硃筆眉批：「羅勉道。」

須溪：「則衆竅並作如噓。虛、噓通。」硃筆眉批：「風過而竅虛是也，何必輒作噓？若爾，則與『作則萬竅怒呺』複矣，何味？」

「大知閑閑，小知間間。」墨筆眉批：「知。」

「與接爲搆，日以心鬬。」硃筆眉批：「心。」

「近死之心，莫使復陽也。」硃筆旁批：「卦數。」又硃筆眉批：「心。」

「已乎，已乎！旦暮得此，其所由以生乎！」硃筆旁批：「有物混成，先天地生。」

「非彼無我，非我無所取。」硃筆旁批：「妙道。」

「若有眞宰，而特不得其眹。」硃筆旁批：「恍惚窈莫，其中有精。」

「可行已信，而不見其形。」硃筆旁批：「獨立而不改，周行而不殆。」

「有情而無形。」墨筆眉批：「情。」又硃筆眉批：「此情字是好情字。」

「百骸，九竅，六藏，賅而存焉，吾誰與爲親？」硃筆旁批：「物齊矣！」
「如求得其情與不得」。墨筆眉批：「情。」
「人謂之不死，奚益！」硃筆旁批：「時乎此者，活死人耳。」
「其形化，其心與之然，可不謂大哀乎！」墨筆眉批：「化。」又硃筆眉批：「此化字不是好字。」
郭注：「彼，自然也。」墨筆眉批：「『彼，自然也』四字極好，即自然之道，靜故天地萬物生。」
郭注：「凡物云云，皆自爾耳，非相爲使也，故任之而理自至矣。」墨筆眉批：「莊子非但任之者，看通篇自見。」
管見。墨筆眉批：「褚伯秀。」
副墨：「言我不是彼，則我不能自成。」硃筆旁批：「似知者之言。」
副墨：「則彼亦不能以自見如風離於竅」云云。硃筆旁批：「又說夢了。」
「夫隨其成心而師之，誰獨且無師乎？」墨筆旁批：「成心是下文是非之心。」又墨筆眉批：「此言道不容成心也。講道者人自爲說，所謂成心也。」又硃筆眉批：「心。」
「奚必知代而心自取者有之，愚者與有焉。」墨筆旁批：「知代而心自取者，對下愚者言。」又墨筆眉批：「知代而心自取者，是其識之靈者也。」
「雖有神禹且不能知」。墨筆眉批：「禹。」
「欲是其所非而非其所是，則莫若以明。」墨筆眉批：「明如『大明終始』之明。」
「自彼則不見，自知則知之。」墨筆眉批：「知。」「故曰彼出於是，是亦因彼。」墨筆眉批：

「淵乎至道，焉得以文事解之！」

「是以聖人不由而照之于天，亦因是也。」墨筆眉批：「因是。」

「樞始得其環中，以應無窮。」墨筆眉批：「環具大易『用九』、『無首』之義。」

郭注：「心之足以制一身之用者，謂之成心。人自師其成心，則人各自師矣。人自各有師，故付之而自當。」墨筆眉批：「各自有師而付之自當，然則心可有其成乎？」

郭注：「夫以成代不成，非知也，心自得耳。」墨筆旁批：「何解？」

郭注：「夫是非者，羣品之所不能無，故至人兩順之。」墨筆眉批：「瞞了，瞞了！」

郭注：「理無是非，而惑者以爲有。」墨筆眉批：「是非豈得無之！」

郭注：「我以爲是，而彼以爲非；彼之所是，我又非之，故未定也。未定也者，由彼我之情偏耳。」墨筆眉批：「外而事，內而道，是是非非，是非非是，變不窮。若胡涂渾同之，以爲莊子本義爾爾，蒼天，蒼天！」

郭注：「無彼無是，所以玄同也。」墨筆眉批：「玄同兩字不是無是非之說。莫若以明，再言之，若是非可以玄同，則明字竟可不用。」

「爲是舉莛與楹」。墨筆眉批：「爲是。」

「爲是不用而寓諸庸」。墨筆眉批：「爲是。」

「因是已。」墨筆眉批：「因是。」

「名實未虧而喜怒爲用，亦因是也。」墨筆眉批：「因是。」

「古之人，其知有所至矣。」墨筆眉批：「知。」

「故載之末年」。墨筆眉批：「載之末年，猶言好之至老。」

「爲是不用而寓諸庸，此之謂以明。」墨筆眉批：「爲是。」
音義：「載之末年，書之于今也。」墨筆根批：「可笑！」
郭注：「雖未能忘彼此，猶能忘彼此之是非也」云云。墨筆眉批：「鼓琴據梧，竟同一事？」
又墨筆旁批：「鼓琴據梧，吾恐其有異。」
郭注：「賴其盛，故能久，不爾，早困也。」墨筆眉批：「賴其盛，故能久，說甚？」
「俄而有無矣，而未知有無之果孰有孰無也。」硃筆旁批：「此句是既有有無之後語，不必連上作解，注皆失之。」
「天下莫大於秋豪之末，而大山爲小；莫壽於殤子，而彭祖爲夭。」硃筆旁批：「是道理。」
「一與言爲二，二與一爲三。」墨筆眉批：「一與言爲二，二與一爲三。」
「無適焉，因是已。」墨筆眉批：「因是。」
郭注：「俄而有無」云云。墨筆旁批：「此當下連讀不得。」又墨筆眉批：「俄而有無，自是起頭語。」
郭注：「若各據性分，物冥其極，則形大未爲有餘，形小不爲不足」云云。墨筆眉批：「不是者等說。」
呂注：「故曰：俄而有無矣」云云。墨筆眉批：「此說是俄而有者無矣。」
呂注：「無我則無萬物，故萬物與我爲一也。」墨筆旁批：「看下面未知有無之孰有孰無。有無字平分言之，則俄而有無之有無，亦當平讀之，猶言起初不無不有，俄然有个有之名、無之名矣。緊接下之我已有謂。」
筆乘：「無適者，自有適無者也。」墨筆旁批：「無適，亦不必作適無，但說个適了，便不得無，只是曰蓋有。惟無所適了，自然曰孰無，而因是因非矣。無適，卽下文知止乎其所不知之義。」

「夫道未始有封，言未始有常，爲是而有畛也。」墨筆旁批：「此『言』是道言也，非漫然之言。」又墨筆眉批：「傅山曰：道本無封，言本無常，而畛何從生？只爲一个是而存畛，蓋物各自是而遂，彼我之界斬矣。」又墨筆尾批：「『言未始有常』五句，千古立言之妙，文章之士安足知之！微文章之士，道學之士益發不知！」

「聖人懷之，衆人辯之以相示也。」墨筆眉批：「懷之猶言包之，只是說聖人是甚皆分明在裏面而妙用之，不似衆人急急之以辨自矜，而不管其亂也。」

「知止其所不知，至矣。」墨筆眉批：「知。」

「故昔者堯問於舜曰：我欲伐宗、膾、胥敖，南面而不釋然。其故何也？」硃筆旁批：「大道不急攻病。」

趙注。硃筆眉批：「以夫。」

循本。硃筆眉批：「羅勉道。」

補注。硃筆眉批：「蒲張羅。」

「庸詎知吾所謂知之非不知邪？庸詎知吾所謂不知之非知邪？」墨筆眉批：「知。」

疑獨。硃筆眉批：「林。」

「瞿鵲子問乎長梧子曰：吾聞諸夫子」云云。墨筆眉批：「夫子當卽指長梧子邪？」「而丘也何足以知之！」墨筆旁批：「長梧，名。」

「予嘗爲汝言之」至「萬物盡然，而以是相蘊」。硃筆眉批：「叶韻。」又墨筆眉批：「萬物盡然二句都解不來。」

「夢飲酒者，旦而哭泣；夢哭泣者，旦而田獵。」墨筆眉批：「夢。」

「是其言也，其名爲弔詭。萬世之後，而一遇大聖知其解者，是旦暮遇之也。」墨筆眉批：「極的當底話頭，卻不得。未嘗教人人解得，是極詭怪底話耶，無過於宗語。」

郭注：「非常之談，非常人之所知，故謂之弔當卓詭。」墨筆眉批：「如此，則弔詭是兩好字耳。」

碧虛：「達人發此覺夢之至言，以弔趣死之詭異。」墨筆眉批：「弔趣死之詭異。」

「既使我與若辯矣，若勝我，我不若勝，若果是也，我果非也邪？」墨筆眉批：「此恰非無是無非之謂。」

「是若果是也，則是之異乎不是也亦無辯；然若果然也，則然之異乎不然也亦無辯。」墨筆旁批：「二句病在果字。」

「化聲之相待，若其不相待。」墨筆眉批：「傅山曰：化聲之相待，猶言是者尋同其是者以證其是，非者亦尋同其非者以證其非，究竟是亦未必是，非亦未必是非，則尋其同是同非之意，皆無用矣。是其不相待也。若『知其不相待而和之以天倪』云云，則文義何等明暢，何必以『化聲之相待，若其不相待』紐一句爲解也！」

副墨：「何須待彼也邪，彼卽大聖也。」墨筆眉批：「傅眉曰：彼字不指大聖，卽非彼無我之彼也。」

「罔兩問景曰」云云。墨筆眉批：「寓言有衆罔兩問景。」

「吾待蛇蚹蜩翼邪？」墨筆眉批：「語本明簡，而解故晦多。」

呂注：「而不知景之無待於形」云云。墨筆旁批：「難說。」

管見總論。硃筆眉批：「褚伯秀。」

養生主第三

墨筆旁批：「共五百六十八字。無理字、性字。」

「吾生也有涯，而知也無涯。」墨筆眉批：「知。」

「爲善無近名，爲惡無近刑。」墨筆眉批：「善惡二字但讀如好惡二字，不待解而自明。」

郭注：「忘善惡而居中」云云。墨筆眉批：「忘善惡而居中，自是好語，但于本文爲字不圓。」

管見：「聖賢所謂善惡，公而無畛，爲於無爲」云云。墨筆眉批：「衆人之惡，全是刑；聖人之惡，亦爲善。絕非嗜殺者，故不近於刑也。」

管見：「督字訓中，乃喜怒哀樂之未發。」墨筆旁批：「亦不必如此傅會。」

「庖丁爲文惠君解牛，手之所觸，肩之所倚，足之所履，膝之所踦，砉然嚮然，奏刀騞然，莫不中音。合於桑林之舞，乃中經首之會。」硃筆眉批：「好文章。」又墨筆眉批：「畫卻一幀爲惡不近刑圖。」

「依乎天理」。墨筆眉批：「此『天理』用得奇。」

「批大郤」。墨筆旁批：「惡。」

「技經肯綮之未嘗」。墨筆旁批：「不近刑。」

「公文軒見右師」。墨筆眉批：「偏兀。」

郭注：「夫俯仰乎天地之間，逍遥乎自得之場，固養生之妙處也。又何求於入籠而服養哉！」

墨筆眉批：「此是不要畜樊中。」

呂注：「若夫與物接，而其貌有與者，則人而已矣。」墨筆眉批：「此是不期而入樊中。」

「安時而處順，哀樂不能入也。」墨筆眉批：「大宗師子輿亦有此言。」

「指窮於爲薪，火傳也，不知其盡也。」硃筆旁批：「指窮於爲薪，『指窮』字若混之，則不可解。」又墨筆眉批：「哀哉！」

筆乘：「及火相傳燒，不知其卽時盡矣。」硃筆眉批：「想要如何如何發明，而說不到。」

人間世第四

硃筆旁批：「二千七百四十八字。石道人靜讀人間世，三復而稽首曰：命之矣。」又墨筆眉批：「執古之道，御今之有。通篇無性字、理字。」

郭注：「人間之變故，世世異宜，唯無心而不自用者，爲能隨變而不荷其累也。」墨筆旁批：「此亦不得冒說。」

「且德厚信矼，未達人氣；名聞不爭，未達人心。」墨筆旁批：「四句淺淺常言，而君子數犯之，良由人心之不我心。若動以不肖猜我，謂與彼同耳。」

「命之曰菑人。」墨筆眉批：「菑人。」

「名之曰益多。」墨筆眉批：「益多。」

「名之曰日漸之德不成。」墨筆眉批：「日漸之成。」

「擎跽曲拳，人臣之禮也。」墨筆眉批：「人臣之禮。」

「猶師心者也」。硃筆眉批：「師心。」

郭注：「人君動必乘人，一怒則伏屍流血，一喜則軒冕塞路。故君人者之用國，不可輕之也。」墨筆旁批：「多了。」

郭注：「雖小德且不能成」云云。墨筆眉批：「名之曰日漸之德三句如何解得去？」又墨筆眉批：「政法而不諜五字不解。」

「有而爲之，其易邪？易之者，皡天不宜。」墨筆眉批：「傅山曰：『有而爲之』即後之『所未始得使』。似謂有意而爲之，亦能使之薄有效應，是亦不見其難，所謂易。然如此之易，但宜于人爲耳。若皡天，則不容有爲，故不宜矣。」

「無聽之以耳，而聽之以心；無聽之以心，而聽之以氣。」硃筆眉批：「心。氣。」

「回之未始得使，實自回也；得使之也，未始有回也。可謂虛乎？」墨筆眉批：「使時使不動，動時不待使。自然之道。靜故天地萬物生。」

「一宅而寓於不得已，則幾矣。」硃筆眉批：「大道。」又墨筆眉批：「公閱休一則可與參看。」

「夫徇耳目内通而外於心知」。硃筆眉批：「心知。」

郭注：「未使心齋，故有其身也。」墨筆旁批：「不必如此解。」

郭注：「使物自若，無門者也；付天下之自安，無毒者也。毒，治也。」墨筆眉批：「『無門無毒』緊接『入遊其樊』、『入則鳴，不入則止』來，那得如此作解！」

郭注：「有翼有知之喻，言必有其具，乃能其事。」墨筆旁批：「如此則自背其『有而爲之』解矣。」又硃筆眉批：「此中要無翼無知。」

郭注：「故世之所謂知者」，至「爲聖可以得聖乎」。墨筆眉批：「多了。多了。」

須溪：「未有一門無毒者」云云。硃筆旁批：「無門、無毒，別有會通。」

「葉公子高將使於齊，問仲尼曰」云云。硃筆眉批：「一段經論。」

「吾未至乎事之情，而既有陰陽之患矣。」墨筆眉批：「情。」

「子其有以語我來？」墨筆眉批：「來。」

「臣之事君，義也，無適而非君也，無所逃於天地之間。」墨筆眉批：「法言曰：『聞网君臣之義，可謂晧矣。』且看此處說君臣處。」

「哀樂不易施乎前」。墨筆眉批：「易施猶言失措。」

「知其不可奈何而安之若命，德之至也。」墨筆旁批：「德充篇中申屠嘉亦有此句。」

「爲人臣子者，固有所不得已，行事之情而妄其身，何暇至於悅生而惡死？」墨筆眉批：「情。」又硃筆旁批：「醇儒之言，誰曰方外？」

「故法言曰」云云。墨筆眉批：「法言。」

郭注：「言就傳過言，似於誕妄。受者有疑，則傳言者橫以輕重爲罪也。」墨筆旁批：「乃爾笨解。」

「以禮飲酒者，始乎治，常卒乎亂。」硃筆眉批：「繹葉公二則，人間事難。」

「凡事亦然，始乎諒，常卒乎鄙。」硃筆旁批：「可感。」

「故法言曰」云云。墨筆眉批：「法言。」

「美成在久」。硃筆旁批：「難。」

「惡成不及改」。硃筆旁批：「易。」

「顏闔將傅衛靈公太子，而問於蘧伯玉曰」云云。墨筆眉批：「顏闔。衛靈公。蘧伯玉。」

「是其才之美者也」。墨筆眉批：「是其才之美者也。」

郭注：「故當模格天地」云云。墨筆眉批：「模格如何意？」

「其大蔽牛，絜之百圍，其高臨山十仞而後有枝，其可以爲舟者，旁十數。」硃筆旁批：「雋句爾爾。」

又墨筆眉批：「義同山木。」

「匠石歸，櫟社見夢曰」云云。墨筆眉批：「櫟社見夢。」

「弟子曰：趣取無用，則爲社何邪？」墨筆旁批：「窮間亦細。」

郭注：「隱將芘其所藾者」云云。墨筆眉批：「藾字不解。」

「孔子適楚。楚狂接輿遊其門曰：鳳兮鳳兮，何如德之衰也」云云。墨筆眉批：「人間世證之以接輿之歌。」

「方今之時，僅免刑焉。」墨筆眉批：「方今之時，僅免刑焉，尤其喫緊！」

「迷陽迷陽，無傷我行。」墨筆眉批：「迷陽。」

郭注：「足能行而放之，手能執而任之，聽耳之所聞，視目之所見，知止其所不知，能止其所不能」云云。墨筆眉批：「動輒一套五能。」

郭注：「故大人不明我以耀彼，而任彼之自明，不德我以臨人，而付之自得。」墨筆眉批：「又來了。」

筆乘：「吾行郤曲」云云。墨筆眉批：「郤曲似亦有説，云是蕨藜。」

德充符第五

墨筆根批：「共一千八百六十五字。」又墨筆眉批：「通篇無理字、性字。」

郭注：「德充於内，應物於外，外内玄合，信若符命，而遺其形骸也。」墨筆眉批：「信若符命而遺其形骸也。」

「魯有兀者王駘。」墨筆眉批：「兀。」

「審乎無假而不與物遷。」硃筆旁批：「是甚？」又墨筆眉批：「審乎無假四字，是大士累劫修持本領。聲聞出胎之昧，菩薩隔陰之昏，尚未足語此。」

「常季曰：彼爲己，以其知，得其心，以其心。得其常心，物何爲最之哉？」硃筆旁批：「常季誤中大道。」又硃筆眉批：「心。」又墨筆眉批：「化。知。『以其知』三句活活，是參禪到透悟了底工夫。」又墨筆根批：「郭注：『彼爲己以其知』句，『得其心以其心』句，『得其常心物何爲之哉』句。」

「受命於地，唯松柏獨也，在冬夏青青；受命於天，唯舜獨也正。」硃筆眉批：「『在』字與『正』字易溷。」「在」字旁墨筆批：「『在』字連下句讀正好。」「舜」字旁硃筆批：「卻又以此大事推舜。」

「夫保始之徵」。墨筆旁批：「初地。」「不懼之實」。墨筆旁批：「勇猛。」又墨筆眉批：「『保始之徵，不懼之實』二句可以精、可以粗解之」。

「勇士一人，雄入於九軍。」陸德明音義「『九軍』，崔、李云：天子六軍，諸侯三軍，通爲九軍也。」硃筆旁批：「那得爾解！」

「一知之所知，而心未嘗死者乎！」硃筆眉批：「心。」又墨筆眉批：「知。」

「彼且擇日而登假」。墨筆旁批：「化了。」

郭注：「不與物遷者，任物之自遷也。」硃筆旁批：「混。」

郭注：「守其宗者，不離至當之極也。」硃筆旁批：「混。」

郭注：「則説然無係」。硃筆改「説」爲「脱」。

郭注：「夫得其常心，平往者也。嫌其不能平往而與物過常，故使物就之也。」硃筆眉批：「明説得其常心，而曰不能平往與物過常，何也？」

「申徒嘉，兀者也，而與鄭子產同師於伯昏無人。」墨筆眉批：「兀。吕覽下賢篇：子產相鄭，見壺丘子林與其弟子坐必以年，是綺其相于門也。」

「申徒嘉曰：先生之門，固有執政焉如此哉，子而説子之執政而後人見者也」云云。硃筆眉批：「應劭稱太山大守于玄成，玄成且誚之。」又墨筆眉批：「『而後人見者也』句亦須解。」

「子產曰：子既若是矣，猶與堯爭善，計子之德，不足以自反邪！」硃筆旁批：「掃興其兀。」

「知不可奈何而安之若命」。墨筆眉批：「人間世曰：知其不可奈何而安之若命。」

「今子與我遊於形骸之内，而子索我於形骸之外。」墨筆眉批：「此『之内』『之外』與别處内外不同。要貼内外字在形骸上。」

「魯有兀者叔山無趾。」墨筆眉批：「兀。」

「猶有尊足者存。」硃筆眉批：「尊足。」

「老聃曰：胡不直使彼以死生爲一條，以可不可爲一貫者，解其桎梏，其可乎？」墨筆眉批：

「夫子顧嘗曰『無可無不可』，又曰『吾道一以貫之』矣。」

郭注：「仲尼非不冥也。顧自然之理，行則影從，言則嚮隨。」硃筆眉批：「安用周旋！」

「未嘗有聞其唱者也，常和人而已矣。」墨筆眉批：「合而不唱。」

「且而雌雄合乎前」。墨筆眉批：「且而。」

「丘也嘗使於楚矣，適見㹠子食於其死母者，少焉眴若，皆棄之而走」云云。墨筆眉批：「好文章。」

「爲天子之諸御，不爪翦，不穿耳。」墨筆眉批：「諸御不剪爪。」

「是必才全而德不形者也」。墨筆眉批：「才全而德不形。」

「德不形者，物不能離也。」硃筆旁批：「自然爾。」

「而視全人，其脰肩肩。」墨筆眉批：「『其脰肩肩』兩句，同帖『視全人』上循說得之。」

「故聖人有所遊，而知爲孳」，至「獨成其天」。硃筆眉批：「『故聖人』以至于『成其天』，都是說聖人之忘。」又墨筆根批：「而字連游字來是一語。」

「有人之形，無人之情」，至「獨成其天」。墨筆眉批：「情。此謂天人與凡人之情不同。無人人之情。」

「吾所謂無情者，言人之不以好惡內傷其身，常因自然而不益生也。」墨筆眉批：「情者。禪學之所謂情不附物者也。」

「天選子之形，子以堅白鳴。」墨筆眉批：「選字不注。」又硃筆眉批：「卽此一段，以之喻道。士家惠，則泥水；彼家莊，則清淨。」

副墨：「以知識爲孽子而不親」云云。墨筆眉批：「此解知爲孽四句，連『有所游』徇之。」

副墨：「老子曰：益生曰祥。」墨筆眉批：「益生曰祥。」

副墨：「觀惠子與莊子所論，于箇事全未分曉，不知莊子何以與之爲友。」硃筆眉批：「書五車而多方者，莊子肯以俗人失之耶？」又硃筆根批：「呆。」

大宗師第六

墨筆眉批：「通篇無理、性字。」又墨筆根批：「共二千九百九十三字。」

「知天之所爲者」云云。墨筆眉批：「知。」

「雖然，有患。夫知有所待而後當，其所待者特未定也。」墨筆眉批：「知有所待而後當，二句頗不易解。」又墨筆旁批：「天人未合，尚有身在，是以有患。無身而後人而天矣，患始無也。」

「若然者，過而弗悔，當而不自得也。」墨筆旁批：「事有當而自得者，必多過而復悔。」又墨筆眉批：「過卽已往，當卽見在。都解作過失之過，得當之當，非眞人矣。」又墨筆尾批：「維摩經全是此一篇宗旨。」

郭注：「人之生也，形雖七尺而五常必具，故雖區區之身，乃舉天地以奉之。」硃筆眉批：「是。」

郭注：「故所知不以無涯自困，則一體之中，知與不知，闇相與會而俱全矣，斯以其所知養其所不知也。」硃筆眉批：「此說極有玄會，不知子玄有見而然也，亦誤中也？」

郭注：「故雖不以熱爲熱而未嘗赴火，不以濡爲濡未嘗蹈水，不以死爲死未嘗喪生。」硃筆眉批：「又異本文。」

新傳：「而猶有患者，知天之二，不知其一也。」墨筆眉批：「此患字不得作患難字看，只如老子『吾有大患爲吾有身，若吾無身，吾有何患』之患。」

管見：「過於事情，蓋適然耳。」墨筆眉批：「過作適當之過矣。」

「屈服者，其嗌言若哇。」硃筆眉批：「屈服不解。」

「不忘其所始」。墨筆旁批：「必有事。」

「受而喜之，忘而復之」。墨筆旁批：「卽眞我回來。」又墨筆眉批：「惟忘始能復。『受而喜之』尚覺，『忘而復之』則不覺矣。」

「故樂而通物，非聖人也」云云。墨筆眉批：「則陽篇『樂物與通保己焉』與此『樂通物，非聖人也』意反」。又墨筆旁批：「此六種人原有等差，解都妄爲高遠。」

「行名失己，非士也。」墨筆眉批：「士以立名爲事，而不失己，蓋有情之聲也。不爾，則違道干譽之小人也。」

「亡身不眞，非役人也。」墨筆旁批：「亡身不眞，又可曰：雖賤人，也自有誠實之性，爲衣食之本，若一味丟慌欺心，不老實執事者，是俗所謂餓死鬼也，誰要他爲役？」

「若狐不偕、務光、伯夷、叔齊、箕子、胥余、紀他、申徒狄，是役人之役」云云。墨筆旁批：「若承上文來，諸人近于亡身不眞者耶！」

郭注：「不能一是非之塗而就利違害，則傷德而累當矣。」硃筆旁批：「本文不爾。」

郭注：「自失其性而矯以從物，受役多矣，安能役人？」墨筆旁批：「如郭解，則『非役人』之『非』，又當添一兩言，如云『非所以役人之道也』，與本文不合。」又硃筆眉批：「自聖至役，凡六等，有深淺。如注說，則差不多是一个了。」

呂注：「忘高深，遺死生者，役人也。」墨筆眉批：「此役人不得以胥靡解之。」又墨筆旁批：「如此，狐、務復何所爲?」

呂注：「雖尊卑貴賤之不同，要皆有所謂眞」云云。硃筆旁批：「忘身不眞，如呂注，但有忘身矣，未及不眞。」

呂注：「若狐不偕、務光之徒，皆役人之役。」墨筆旁批：「如此，狐、務復何所爲?」

筆乘：「吉甫解役人，蓋本胥靡登高不懼，遺生死也。意則妙矣。」硃筆尾批：「卽如其解，亦不得下文之義。下文狐、務諸人正是亡身而眞者也。」

「若不足而不承」。墨筆旁批：「外物篇『順人而不失己，彼教不學，承意不彼』，與『不足而不承』同意。」

「與乎其觚而不堅也。」墨筆眉批：「觚而不堅。」

「邴邴乎其似喜乎！」墨筆眉批：「邴。」又墨筆旁批：「柔兆爲丙，南方也，萬物欣欣而不枯槁。」

「崔乎其不得已乎！」墨筆眉批：「崔。」

「滀乎進我色也。」墨筆眉批：「滀。」

「厲乎其似世乎！」墨筆眉批：「厲。」墨筆旁批：「深則厲。」

「謷乎其未可制也。」墨筆眉批：「謷。」

「連乎其似好閉也。」墨筆根批：「連。閉。」

「以刑爲體，以體爲翼，以知爲時，以德爲循。」墨筆眉批：「刑、禮、知、德四字，是莊生不屑言者，而此及之。」又墨筆眉批：「『以刑爲體』四句，本淺語，而莊子言之，似非本色。何其老于世故也？」

郭注：「綿邈深遠，莫見其門」云云。硃筆眉批：「注但可離句讀，亦有雋義。合而觀之，不知說甚。」

「而人眞以爲勤行者也。故其好之也一，其弗好之也一。」墨筆旁批：「故字定是連上文來，而義暗度不可卽得。」

「其一與天爲徒，其不一與人爲徒。天與人不相勝也，是之謂眞人。」墨筆眉批：「天與人不相勝句，注都不解。」又墨筆旁批：「無是非毁譽者，一也，天之徒也。有是非毁譽者，不一也，人之徒。既歷有是非毁譽之世矣，而欲以無是非毁譽之道勝之，必不得也。故亦任其爲是非毁譽而已。與天爲徒之一，自一而已，不必輒與不一者而一之以爲勝也。故眞人，以天而游于人者也。如是而已，世出世間之義也。」

「人之有所不得與」。墨筆旁批：「郭注無與字。」

「彼特以天爲父，而身猶愛之，而況其卓乎！」墨筆眉批：「難解。」

「與其譽堯」。墨筆旁批：「好之也。」「而非桀也」。墨筆旁批：「弗好之也。」「不如兩忘而化其道」。墨筆眉批：「堯、桀畢竟兩忘不得。」又墨筆旁批：「此節頗不易通。堯畢竟非不得，桀畢竟譽不得。譽之如堯，非之如桀，毁譽之心如此。堯不用譽，桀不用毁，是非顧在也。」

郭注：「夫眞人同天人，均彼我，不以其一異乎不一。」硃筆眉批：「看著簡，其實煩而寡要。」

郭注：「人皆以天爲父，故晝夜寒暑，猶安之而不敢惡，況卓爾獨化」云云。墨筆旁批：「此但順文訓來，未見精義。」

呂注：「其不一與人爲徒，吉凶與民同患也。」墨筆旁批：「硬注，似之而已。」

呂注：「以天爲吾之所自生，身猶愛之。」「天」字旁墨筆批：「父。」又墨筆眉批：「人不能的見天之所以爲大父者，只就天上知得有個天意在耳。此父是小天，是生身之天。尚有生父之天。」又墨筆根批：「以天爲父之義，卻是以父爲天，但倒句耳。」

呂注：「人特以有君爲愈乎己」。墨筆眉批：「此君是勢分之君，非眞君也。」

新傳。墨筆眉批：「王雱。」「聖人雖爲之應，而心實未有。」墨筆旁批：「既應之矣，亦有之矣。」

「夫大塊載我以形，勞我以生，佚我以老，息我以死。」墨筆眉批：「難解。」

「故善吾生者，乃所以善吾死也。」墨筆旁批：「善生所以善死，其中有話說，不是空語，與愣嚴夢想消滅寤寐恆一之義頗同。」

「夫藏舟於壑，藏山於澤，謂之固矣。」墨筆眉批：「舟藏得，山如何藏？舟負得，山如何負得？」

「是恆物之大情也。」墨筆旁批：「此句要解。」

「若人之形者，萬物而未始有極也。」墨筆眉批：「化。」

「又況萬物之所係，而一化之所待乎！」墨筆眉批：「化。」又硃筆眉批：「『萬物所係，一化所待』是甚？」

郭注：「故若以吾生爲善乎？則吾死亦善也。」墨筆旁批：「與本文文句反，失『乃所以』三字之情。」

「夫無力之力，莫大於變化者也。」墨筆眉批：「無力之力，莫大於變化者也。」

呂注。墨筆眉批：「亦不曾解出『乃所以』三字。」

「夫道，有情有信」。墨筆眉批：「情。」

「狶韋氏得之，以挈天地。」墨筆眉批：「路史因提紀列狶韋氏。羅泌曰：傳者謂是文字之前帝者之號，得道以馭羣品、提挈兩儀者也。仲尼曰：狶韋氏之囿，黃帝之圃，有虞氏之宮，湯武之室。曰囿，曰圃，曰宮，曰室，適世薄也。是則黃帝氏之前矣。而或者疑卽商之豕韋。夫所謂挈兩儀，豈區區伯據之雄所能克哉！且昔夫子常問于太史大弢伯、常褰、狶韋矣，豈亦商之豕韋哉！今丹壺書繼諸几蘧氏之後四世，則古固有同名同氏者，豈得有一而廢一哉！」

筆乘。墨筆眉批：「焦。」

「吾聞道矣」。墨筆眉批：「道。」

「以聖人之道，告聖人之才，亦易矣。」墨筆眉批：「才。以聖人之道，告聖人之才。」

呂注：「子孫者，言道之所生，在乎此也。」硃筆旁批：「不必爾。」

「子輿有病，子祀往問之。」墨筆眉批：「子祀問子輿之病。」

「浸假而化予之左臂以爲雞」云云。墨筆眉批：「如此頑皮造物，無奈奈他何矣。淨名經菩薩行品第十卷，于生死中如園觀，想是此義。又曰觀于無生而以法荷負一切。」

「安時而處順，哀樂不能入也。」墨筆眉批：「養身篇有『安時處順』之句。」

「俄而子來有病」，「犂往問之」。墨筆眉批：「子犂問子來之病。」

「叱！避！無怛化！」墨筆眉批：「化。」又墨筆根批：「叱避是叱其妻子，令避之不得哭泣驚子來之化矣。」

「假於異物，托以同體」。墨筆眉批：「知所假托，乃不悶之。」

「芒然彷徨乎塵垢之外，逍遙乎無爲之業。」硃筆旁批：「達生篇扁子之語同此。」

「畸人者，畸於人而侔於天。」墨筆眉批：「畸人。」

「故曰：天之小人，人之君子，人之君子，天之小人也。」墨筆旁批：「只說個『天之小人，人之君子』，又倒說一句『人之君子，天之小人』，卻不說『天之君子，人之小人』。」

郭注：「知禮義者，必遊外而經内」云云。墨筆眉批：「硬解禮字不得爾。」

郭注：「故聖人常遊外以弘内，無心以順有，故雖終日揮形而神氣無變，俯仰萬機而淡然自若。」墨筆眉批：「豈不妙會，然晉人不許。」

郭注：「雖爲世桎梏，但爲與汝共之耳。明已恒自在外也。」硃筆眉批：「說得卻好，而本義不然。其妙之不可廢耳。」

呂注：「孔子使子貢往弔，欲其知禮意不出乎性命之情。」墨筆旁批：「非本義。」又硃筆眉批：「又不然。」

呂注：「蓋所遊者迹，所依者心也。」硃筆旁批：「可厭！」

「不知就先」。墨筆旁批：「未生前。」「不知就後」。墨筆旁批：「既死後。」「若化爲物」。墨筆眉批：「化。」「以待其所不知之化已乎！」墨筆眉批：「化。」

「有旦宅而無情死」。墨筆眉批：「情。傅山曰：『旦宅』只是有一個不昧底所在。」

郭注：「猶乃忘其所知於當今，豈待所未知而預憂哉！」墨筆眉批：「簡擇。」

郭注：「亦無以明生之非死矣」。墨筆根批：「此句似玄解，其實不通。」

呂注：「夫唯知其未始有物，則不見有内外死生之異，奚必遊方之外，以死爲樂？」墨筆旁批：「不然。不然。」

呂注：「雖欲簡之而不得」云云。墨筆旁批：「者卻是。」又墨筆眉批：「簡損。」

呂注：「故有旦宅」。墨筆眉批：「旦宅兩字終不得解。」

呂注：「適所以笑，適而造之，非自適也。」「笑所以排，笑而獻之，非樂笑也。」墨筆眉批：「二句本文不病造字、獻字也。」

呂注：「而由其所相爾汝者，言視其親如傍人之親也。」墨筆旁批：「胡說！」又墨筆眉批：「解鑿而能成其說，亦不必廢，其實本義無此屑屑之縈繞也。」

呂注：「造，詣也。適，適意也」云云。硃筆眉批：「然。然。」

「而奚來爲？軹夫堯既已黥汝以仁義，而劓汝以是非矣。」墨筆旁批：「爾又何來問我爲？」又墨筆眉批：「軹，注不解，何也？軹，輪小穿也，又與枳同。」又墨筆根批：「軹夫言堯既已仁義黥爾，是非劓爾矣。軹猶枳籬之枳。言蔽固之也，又安可游！又可以『軹夫』屬上句，謂意而爲軹夫面嘆之。」

「汝將何以游夫遙蕩恣睢轉徙之塗乎？」墨筆旁批：「天地章『搖蕩民心』與此『搖蕩』同意。」

「夫盲者無以與乎眉目顏色之好，瞽者無以與乎青黄黼黻之觀。」硃筆旁批：「盲。瞽。」又硃筆眉批：「盲瞽有别。」

「夫無莊之失其美，據梁之失其力，黄帝之亡其知」云云。墨筆眉批：「無莊。據梁。黄帝。」

「使我乘成以隨先生邪？」硃筆眉批：「乘成。」

音義：「𪏮，齎，齋，碎也。」墨筆眉批：「𪏮，音、義俱未必然。」

「顏回曰：回益矣」云云。硃筆眉批：「漸法。」

「化則無常也。」墨筆眉批：「化。」

應帝王第七

墨筆旁批：「共一千八十八個字。内篇淺語。」又墨筆眉批：「通篇無理、性字。朱衣道人曰：應帝王一篇，可以不著，求之於前，義已備矣。微季咸一則，則餘皆莊生類語耳。末收混沌死一條，夫亦知混沌無復生理矣。混沌不生，而帝王之不得復以混沌應之矣。故腐儒區區欲復三代之道，亦已陋矣，而又往往以其道與時亢，不信其志非不善也，而混沌必竟不能再活。然而未始不活也，參萬歲而一成芚之聖人知之。」

「狂接輿曰：日中始何以語汝？」墨筆眉批：「日中始。」

「告我君人者以己出經式義度」。墨筆眉批：「傅山曰：天地篇中『行言自爲而天下化』，即是『以己出經式義度』也。」

「夫聖人之治也，治外乎？正而後行，確乎能其事者而已矣。」墨筆眉批：「治外乎？正而後行，確乎能其事者而已矣。文章卽管子侈靡篇『椽能踰則椽於踰』。」

「而曾二蟲之無知」。墨筆眉批：「知。」

筆乘：「豫，卽凡事豫則立之豫」云云。墨筆眉批：「本文『不豫』，此注似無『不』字矣。」

「化貸萬物而民弗恃」。墨筆眉批：「化。」

「鄭有神巫曰季咸」，「列子見之而心醉，歸以告壺子」云云。墨筆眉批：「季咸。列子。壺子。」

「鄉吾示之以地文」墨筆眉批：「地文。」
「吾見其杜權矣。」墨筆眉批：「杜權。」
「鄉吾示之以天壤。」墨筆眉批：「天壤。」
「吾鄉示之以太沖莫勝。」墨筆眉批：「太沖莫勝。」
「鯢桓之審爲淵」。硃筆旁批：「善者。」「止水之審爲淵」。硃筆旁批：「杜德。」「流水之審爲淵」。硃筆旁批：「衡氣。」
「因以爲夆靡」。墨筆眉批：「夆靡，說文夆卽弔字，原从人从弓也。」
呂注：「是以道與世亢而必信者，故使人得而相也。」硃筆眉批：「如此解，『而』字當作『女』字讀。」
循本：「如參同契云：牝雞不獨卵。」硃筆眉批：「牝雞不獨卵。」
循本：「水上一半流，下一半止，流止各半。」墨筆眉批：「也不必如此瑣屑分擬。」

卷六十六　莊子翼批注（二）

第二册封面硃墨筆批：「駢拇，自聞；無理。馬蹄，無理。胠篋，無理。在宥，一理字：說義耶，是悖于理也。僊僊乎歸矣。天地，一理字：物成生理謂之形。天道，無理字。天運，一理字：順之以天理。刻意，一理字：循天之理，故無天災。繕性，三理字：知與恬交相養而和理出其性；道，理也；道無不理。秋水，四理字：爾將可與語大理矣；是未明天地之理；論萬物之理也；知道者必達于理，達理者必明于權。性情不離，安用禮樂，馬蹄。軼掌，在宥。中而不可不高者，德也，在宥。槔，天地。漢陰丈人，噢訢，天地。不以王天下爲己處顯，顯則明萬物一府，死生同狀，天地篇。苟有其人，與之名而弗受，天道。虛靜恬淡八字，見天道篇。無私焉，乃私也，天道。鄭景望蒙齋筆談中有解天道篇幾條。桔槔，商太宰問仁，天運。浮休，刻意。恬淡字，刻意篇自解之。去性而從于心，繕性篇。以恬養知，見此。當時命、不當時命兩句，見繕性篇。世喪道，道喪世，繕性篇。」

第二册扉頁墨筆批：

駢母：臧。穀。伯夷。盜跖。

馬蹄：伯樂。赫胥氏。

胠篋：龍逢。比干。萇弘。子胥。跖。容成。大庭。伯皇。中央。栗陸。驪畜。軒轅。赫胥。尊盧，盧氏。祝融氏。伏羲氏。神農氏。

在宥：崔瞿。老聃。黄帝。廣成子。雲將。鴻蒙。

天地：夫子。黃帝。知。離朱。喫詬。象罔。堯。許由。齧缺。王倪。被衣。華封人。伯成子。子貢。漢陰丈人。諄芒。苑風。門無鬼。赤張滿稽。

天道：堯。舜。孔子。子路。老聃。士成綺。輪扁。

天運：巫咸祒。商太宰蕩。北門成。黃帝。孔子。顏淵。師金。老聃。子貢。無言而心說。

刻意。

繕性：燧人。伏羲。神農。黃帝。

秋水：孔子。子路。公孫龍。魏牟。惠子。五憐。

駢拇第八

墨筆旁批：「共一千六十一字。」

「駢拇枝指，出乎性哉！而侈於德。附贅縣疣，出乎形哉！而侈於性。」墨筆眉批：「性。」

「多方駢枝於五藏之情者」。墨筆眉批：「五藏之情。情。」

郭注：「惑者或云非性，因欲割而棄之，是道有所不存，德有所不載，而人有棄財，物有棄用也。」硃筆眉批：「如此說駢枝有何用？」墨筆旁批：「此說似周備，而此處則不然。」又墨筆眉批：「此義本是說駢枝爲多。」

郭注：「聰明之用，各有本分，故多方不爲有餘，少方不爲不足。」墨筆眉批：「郭解往往中無所主而隨口東西。如此則聰明又所不廢。」

「不失其性命之情」。墨筆眉批：「性命之情。」

「故性長非所斷，性短非所續。」墨筆眉批：「性。」
「意仁義其非人情乎」。墨筆眉批：「情。」
「今世之仁人，蒿目而憂世之患。」墨筆眉批：「蒿目。」
「故意仁義其非人情乎！」墨筆眉批：「情。」
「且夫待鉤繩規矩而正者，是削其性也。」墨筆眉批：「性。」
「是非以仁義易其性與？」墨筆眉批：「性。」
郭注：「恐仁義非人情而憂之者，眞可謂多憂也。」硃筆眉批：「又與『仁義非人情』之本文反。本文無『恐仁義非人情而憂之』之義。如此解，當有妙蘊，而後卻又順本文結之，令自說不終。」又墨筆眉批：「仁義本是道德中原有底物，只不得有名耳。後之屬其性乎仁義者，則有心爲仁義者也。」
郭注：「仁義者，撓天下之具也。」墨筆眉批：「仁義自是人之性情矣，而又曰『仁義者，撓天下之具也』，何哉？」
呂注：「招仁義以撓之，是以仁義易其性也。」墨筆眉批：「以仁義易其性最妙，深得老子妙旨。」
「天下莫不以物易其性矣。」墨筆眉批：「性。」
「其於殘生傷性均也。」墨筆眉批：「性。」
「又惡取君子小人於其間哉！」墨筆眉批：「君子小人。」
郭注：「故與世常冥，唯變所適，其迹則徇世之迹也。」墨筆眉批：「此說大有本領，然亦非本義。」

「且夫屬其性乎仁義者」云云。墨筆眉批：「性。」

「任其性命之情而已矣。」墨筆眉批：「性命之情。」

「自聞而已矣。」硃筆眉批：「『自聞』合楞嚴。」又墨筆眉批：「元乘篇：辭者不能自聞。」

馬蹄第九

墨筆旁批：「共五百六十一字。」

「一而不黨，名曰天放。」墨筆眉批：「天放。」

「惡乎知君子小人哉！」墨筆眉批：「君子小人。」

「性情不離，安用禮樂！」墨筆眉批：「性情原高一層。」

胠篋第十

硃筆旁批：「朱衣先生曰：内省胠篋數句，可以謝泥水彼家之説。」又墨筆旁批：「共一千二百八十一。」

「此世俗之所謂知也。」墨筆眉批：「知。」

「然則鄉之所謂知者」。墨筆眉批：「知。」

「世俗之所謂至知者」。墨筆眉批：「知。」

「萇弘胣。」墨筆眉批：「萇弘。」

「盜亦有道乎？」墨筆眉批：「盜。」

「彼竊鈎者誅。」墨筆眉批：「竊鈎。」

呂注：「況其尤大而揭諸侯者乎！」硃筆眉批：「況其一句，從何處看出？」

郭注：「受生有分，而以所貴引之，則性命喪矣。」硃筆眉批：「何必輒及『受生有分』云云！」

呂注：「而或者謂莊子眞欲掊擊聖人，縱舍盜賊，殫殘法度者。」墨筆眉批：「此事難言，者等不得，那等也不得。」又墨筆旁批：「有激而發，無容讀者爲調和。」

「昔者容成氏」云云。硃筆旁批：「一作庸成。」「大庭氏」。硃筆旁批：「路史亦號炎帝。」「伯皇氏」。硃筆旁批：「路史作柏。」「中央氏」。硃筆旁批：「路史作中皇。」「栗陸氏」。硃筆眉批：「栗陸敖昏勤民。」「赫胥氏」。硃筆旁批：「一作赫蘇。」「祝融氏」。硃筆旁批：「路史祝誦。」

「知詐漸毒頡滑堅白解垢同異之變多。」硃筆眉批：「頡滑。」

「上悖日月之明，下爍山川之精，中墮四時之施。」墨筆眉批：「上悖句同天運篇。彼『爍』作『睽』。」

「莫不失其性。」墨筆眉批：「性。」

郭注：「夫吉凶悔吝，生乎動也」云云。硃筆旁批：「不知說甚。」

郭注：「而知之所動，誠能搖蕩天地，運御羣生，君人者，胡可不忘共知哉！」墨筆旁批：「知之所動，既能如此，何又曰『可不忘其知哉』？」

循本：「彼堅執以爲白，而辯之者與之相頡」云云。墨筆眉批：「頡滑亦何必又屬辨者與之爾爾，卽堅白者頡滑也。」

在宥第十一

墨筆旁批：「共二千二百九十八字。宥字鬆鬆散散。」

「在之也者，恐天下之淫其性也；宥之也者，恐天下之遷其德也。」墨筆旁批：「在宥自解不明白。」又墨筆眉批：「傅山曰：在者不忘，有存意，不忘之蔽迫，故繼以宥。宥者有安置有餘之地之意。」

「使天下欣欣焉，人樂其性」，「使天下瘁瘁焉，人苦其性。」墨筆眉批：「性。」

「舉天下以罰其惡者不給。」硃筆眉批：「其實是者等。」

「自三代以下」云云。墨筆眉批：「三代以下。」

「彼何暇安其性命之情哉！」墨筆眉批：「性命。」

須溪：「使知有我，不至於淫而已。」硃筆旁批：「又多了『知有我』三字。」

「而且說明邪」云云。墨筆眉批：「聰、明、仁、義、禮、樂、聖、智。」「說義邪？是悖於理也。」墨筆眉批：「理。」

「天下將不安其性命之情。」墨筆眉批：「性命之情。」

「無爲也，而後安其性命之情。」墨筆眉批：「情。」

「故貴以身於爲天下，則可以托天下；愛以身於爲天下，則可以寄天下。」墨筆旁批：「老子。」又墨筆眉批：「引老子。」

「神動而天隨。」墨筆眉批：「管子侈靡篇『天地，若夫神之動，化變者也。天地之極也，能與化起而王，用則不可以道山也』，全是『神動而天隨』之義。」
「從容無爲而萬物炊累焉。」墨筆眉批：「炊累。」
「於是乎釿鋸制焉。」墨筆眉批：「釿。」
「故曰：絕聖棄知，而天下大治。」墨筆眉批：「引老。」
郭注：「攖之則傷其自善」云云。硃筆眉批：「本文極淺易可見，而注故紐捻。」
郭注：「夫黃帝非爲仁義也，直與物冥，則仁義之迹自見。」硃筆眉批：「與物冥那得有仁義之跡？」
郭注：「夫堯舜之名，皆其迹耳」云云。墨筆眉批：「本文非三皇五帝之本義，而注與文反，何也？若論游之之妙，固有爾者，然非莊旨。究之日降一日、上下之勢日變一日，亦有所不得已。而禮數法度之日嚴日多者，即如郭言黃帝、堯、舜、湯、武，果一德邪？『喜怒相疑』以下至末，如何回護？」
郭注：「遊者豈嘗改其足哉！」墨筆旁批：「此是指誰？」
郭注：「故聖人一也。」硃筆旁批：「聖人如何得一？」
副墨：「堯舜之勤勞，湯武之征伐，思以仁義攖之也」云云。硃筆眉批：「義本爾。」
「而佞人之心翦翦者」。墨筆眉批：「佞謂黃帝佞人之心，猶後『導諛媚世』之謂。」
「我爲女遂於大明之上矣。」墨筆眉批：「我爲女三字，注中都不及，不知當如何解。」
「今夫百昌皆生於土而反於土。」墨筆眉批：「百昌。」
郭注：「皇、王之稱，隨世之上下耳」云云。墨筆旁批：「又是前說。」
郭注：「土，無心者也。」墨筆旁批：「說不來了。」又硃筆眉批：「『失道者，下爲土』，則土非無心之謂也。」又墨筆尾批：「若土無心，則下爲土乃得道矣。」

蘇子瞻：「按山經，廣成子治太易屯、蒙二卦。」墨筆眉批：「廣成治屯、蒙二卦。」

蘇子瞻：「草木不待黄而落者，言雖天地之精，不能供此有心之耗也。」墨筆眉批：「也不必。」

蘇子瞻：「人其盡死，而我獨存乎！」硃筆眉批：「人我可一見。」

「鴻蒙仰而視雲將曰」云云。硃筆旁批：「此句何用？」

「天氣不和，地氣鬱結」云云。墨筆旁批：「潦倒太醫語。」

「遊者鞅掌，以觀無妄。」墨筆眉批：「鞅掌。」又硃筆眉批：「八字妙語。」又墨筆旁批：「者字在此當讀作諸字。」

「雲將曰：朕也自以爲猖狂」云云。墨筆旁批：「『自以爲猖狂』，非鴻蒙所謂『不知所往』之猖狂也。」

「僊僊乎歸矣」。墨筆眉批：「僊僊。」

「倫與物忘」。墨筆眉批：「倫謂置身于物，與物一類而忘其爲聖人。若以治物爲事者自居，不與物同類，一切自仁自智無所不異矣。」

「萬物云云，各復其根。」墨筆旁批：「老。」又墨筆眉批：「引老。」

「各復其根而不知」。墨筆眉批：「知。」

「無闚其情」。墨筆眉批：「情。」

郭注：「猖狂非招民而民自往，故爲民所倣效而不得已也。」墨筆旁批：「此句有闋上文。」又墨筆眉批：「鴻蒙曰：『猖狂不知所往。』雲將曰：「予自爲猖狂。』注無所軒輊，而漫曰『猖狂非招民而民自往』，則其猖狂與鴻蒙『不知所往』之猖狂何以異也？」

呂注：「雖遊者，若有所拘係。」墨筆眉批：「既拘繫矣，豈可語游？雖游者若有以拘係，眞急說！」

「世俗之人，皆喜人之同乎己，而惡人之異於己也。」墨筆旁批：「病在己字。末『無己』，則此病去已。」

「同於己而欲之，異於己而不欲者，以出乎衆爲心也。」墨筆旁批：「此是欲人同我，而不屑我同人，始終要人跟我走耳。以爲人跟我走是我出于衆也，不知到底是離人不得底。即是通是非而已自謂衆人之類也。」又墨筆眉批：「既惡人之異我，又想己之出衆，人原麻煩。」

「夫以出乎衆爲心者，曷嘗出乎衆哉！」墨筆眉批：「『出乎衆』之出，猶『首出數物』之出。自貴于居民之上而妄欲左右之也，不知易之所謂『首出』者，正妙於入，非『獨出而上』之出也。」

「此攬乎三王之利，而不見其患者也。」墨筆眉批：「王半山是。」

「有土者之不知也。」墨筆眉批：「不知。」

「有大物者，不可以物物。」硃筆眉批：「不可以物物，句。」

「出入六合，遊乎九州，獨往獨來，是謂獨有。」墨筆旁批：「是甚地人？」

「大人之教，若形之於影，聲之於響。」墨筆旁批：「此是言其不主異同之見。」

「大同而無己」。墨筆旁批：「無己安得有異己、同己者？」

「遠而不可不居者，義也；親而不可不廣者，仁也。」墨筆旁批：「義於遠見，而須集于身。仁自近始，須及于遠。」

「中而不可不高者，德也；一而不可不易者，道也。」墨筆眉批：「中而不可不高，要理會。」

「神而不可不爲者，天也。」墨筆眉批：「神而不可不爲者，天也。」

郭注：「執意不爲，雖神非天，況不神哉！」墨筆眉批：「執意不爲，雖神非天。」

天地第十二

墨筆旁批：「共三千一百四十四字。」

「以道觀言，而天下之君正。」墨筆眉批：「以道觀言。」

「古之畜天下者」。墨筆眉批：「玄田爲畜。」

郭注。墨筆眉批：「不解『以道觀言』。」

呂注：「以道觀言，則未嘗有言，言而無言，天下之君其有不正者乎！」墨筆旁批：「了事模稜語。」又墨筆眉批：「以道觀言，本自難解，而解者又不能闕所不明，讀至此，其任所疑耶？而絯之不四通，無已，則傅會之。傅會者，所以釋讀者之絯而前也。傅會奈何？管氏曰：『左操五音，君出令俠，故立于左。』夫五音不同聲而能調，此言君之所出令無妄也，而無所不順，順而令行政成。又曰：『君失音，則風律必流，流則亂敗日出也。』所謂言者，猶音也，令也。孔子曰：『言不順則事不成。』以言歸君，別臣當奮庸熙載，不但言矣。」

呂注：『故其天下足、天下化、百姓定者』。硃筆改「天下化」爲「萬物化」。

「顯則明萬物一府、死生同狀。」墨筆眉批：「老子『知常曰明』卽是此『顯則明』之明。『顯則明萬物一府、死生同狀』作一句讀。」

「獨聞和焉」。硃筆眉批：「聞和字妙。」

「黃帝遊乎赤水之北」。「遺其玄珠，使知索之而不得，使離朱索之而不得，使喫詬索之而不得也，乃使象罔，象罔得之。」墨筆眉批：「象罔得珠。知。離朱。喫詬。」

「堯之師曰許由，許由之師曰齧缺，齧缺之師曰王倪，王倪之師曰被衣。」墨筆眉批：「許由。齧缺。王倪。被衣。」

「給數以敏」。注音「朔」。墨筆眉批：「數，卽如本字讀亦得。」

「其性過人」。墨筆眉批：「性。」

「彼審乎禁過，而不知過之所由生」云云。墨筆眉批：「者一段是說齧缺之短處。」

「方且本身而異形」。墨筆旁批：「本如漢書『本兵』之本。」

「方且爲物絯」。墨筆眉批：「絯。」

「方且應衆宜」。墨筆旁批：「委曲驪虞。」

「方且與物化，而未始有恆。」墨筆旁批：「若不自上文來，則『與物化而未始有恆』一句卻是至道矣。」又墨筆眉批：「『方且與物化而未始有恆』，與『鼠肝蟲臂』之說何異？讀至此，才知『與物化者，一不化者也』是其學之有所以然處。與禪家眞空實相教有合也。」

「有族有祖」。墨筆旁批：「有族有祖，是道中一枝，也是自道中分出來底，但小宗耳，非大宗也。」

「不可以爲衆父父」。硃筆眉批：「衆父父。」

「三患莫至，身常無殃。」硃筆眉批：「此三患卽前之多懼、多事、多辱也，副墨又枝引佛書三災，非也。」

「物得以生，謂之德」云云。硃筆眉批：「德、命、形、性。」「且然無間謂之命。」墨筆眉批：

「且然。」「物成生理謂之形。」墨筆眉批：「理。」

郭注：「無心於言而自言者，合於喙鳴。喙鳴合，與天地爲合，天地也無心而自動也。」硃筆眉批：「此注三合字是一義，極確，但未説出喙鳴耳。」又墨筆眉批：「傅山曰：合喙而鳴，不言而言；喙鳴而合，言而不言。如此解，『與天地合』之『合』，當另看。」又墨筆眉批：「郭、呂注，合喙鳴句，合字下當加一于字。如云喙鳴是个自然底樞機，德至虛大，則便合着那喙鳴底道理，喙鳴底道理旣合，便是與天地爲合矣。」

劉槩注：「無間者，始卒若環，無端可指也。」墨筆眉批：「此無間，似説不到始卒若環上。」

口義：「言此喙之鳴，旣以不言而言，則與自然者合矣。」硃筆旁批：「又多紐了一遭耳。」

郭注：「有形者善變，不能與無形無狀者竝存也。」墨筆眉批：「有形不能與無形者並存，注自成説，與本義何所發明？」

碧虛：「有形者，有首有趾；無形無狀者，無心無耳也。」墨筆眉批：「便如此分拈承上，有何味？」

筆乘：「有形與無形無狀者舉而盡無之」云云。墨筆眉批：「成个話説。」

「猶螳蜋之怒臂以當車轍。」硃筆眉批：「螳螂。」

「蔣閭葂覷覷然驚曰」云云。硃筆眉批：「覷，許極切。」

「搖蕩民心。」墨筆眉批：「搖蕩。」

「溟涬然弟之哉。」墨筆眉批：「溟涬。」

「欲同乎德而心居矣。」墨筆眉批：「同德心居。」又硃筆尾批：「傅山曰：心居二字，正是與『性之自爲』相反，豈不本自然之道？纔欲同乎使人德我之德，而心已執着不化矣，安能化天下哉！」

郭注：「溟涬，自貴之謂。不肯多謝堯舜，而推之爲兄也。心居者，不逐於外也；心不居，則德不同也。」墨筆旁批：「齊是不看本文上下氣脈理義者，乃如此解心居句也。」又墨筆眉批：「不肯多謝堯舜。」

「子貢南遊於楚，反於晉，過漢陰，見一丈人」云云。墨筆眉批：「漢陰丈人。」

「其名爲橰」。硃筆眉批：「橰。」

「吾非不知，羞而不爲也。」墨筆眉批：「吾非不知，羞而不爲。」又墨筆旁批：「並知也不必。」

「於于以蓋衆」。墨筆眉批：「於于。」

「子貢卑陬失色，頊頊然不自得。」墨筆眉批：「卑陬。頊頊。」

「瞀然不顧」。「儻然不受」。墨筆眉批：「瞀。儻。」

「彼假修渾沌氏之術者也。」墨筆旁批：「假，有大義，有遐義，非眞假之假。」

「識其一，不知其二。」墨筆眉批：「『識其一』二句，非如今人所謂『但知其一，不知其二』相詆誚之語。謂彼識其一，是『得一』之一；不知其二，謂此一外，如世俗之說，皆是二耳，彼烏用知之！」

「且混沌氏之術。予與汝何足以識之哉！」墨筆旁批：「此是先聖自任世道之語，彼治一身之人，予汝亦不必識之也。」又墨筆尾批：「孔子之意，謂彼自是渾沌氏一流，無世責者也。」

郭注：「故知其非眞渾沌」云云。墨筆眉批：「解多看錯个假字耳。與本文反。錯看一假字。」

郭注：「眞渾沌也，故與世同波而不自失，則雖游於世俗，而泯然無迹。」墨筆尾批：「與世同波而不自失，談何容易，談何容易！郭象東海之游，失耶？不耶？」

呂注：「執古以御今，則凡日用，無非渾沌之術。」墨筆旁批：「也難説。」

呂注：「不知機心之所自生者，未始有物，則是識其一，不知其二。」墨筆眉批：「反。」

循本。墨筆眉批：「循本，廬陵羅勉道著者。」

「夫子無益於横目之民乎！」硃筆眉批：「横目。」

「聖治乎？官施而不失其宜，撥舉而不失其能，畢見其情事而行其所爲。」墨筆眉批：「情。」又墨筆旁批：「紛于官命。勞于求賢。勤索民隱。」又墨筆眉批：「三段明白不同。聖治，尚治者也。德人，則無所謂治矣，祇是德耳，故曰容。神則並德而無之，況形？故出一情字。情也者，萬事銷亡而後復也。郭、呂注皆昧『行言自爲而天下化』義。」

「行言自爲而天下化。」墨筆旁批：「多事、多令、自爲者，獨操其權，而天下不敢不從，亦曰化也。」又墨筆根批：「此卽應帝王中『以己出經式義度，而人孰敢不聽而化』之意。」

「手撓顧指。」墨筆旁批：「汲汲然指揮。」

「願聞德人。」墨筆旁批：「德者，得也。下句句皆形容其自得之意。」「四海之内，共利之之謂悦。」墨筆旁批：「得。」「共給之之謂安。」墨筆旁批：「得。」「怊乎若嬰兒之失其母也。」墨筆旁批：「得。」「財用有餘而不知其所自來。」墨筆旁批：「得。」「飲食取足而不知其所自從。」墨筆旁批：「得。」

「上神乘光，與形滅亡。」墨筆尾批：「乘光猶云馭氣。」又墨筆根批：「與猶云並。」

「致命盡情，天地樂而萬事銷亡，萬物復情，此之謂混冥。」硃筆眉批：「盡情。復情。」墨筆眉批：「情。」又墨筆旁批：「上言德容，是天地間之人之樂耳，未爲天地樂也。至此純是天地，並人而無之，復何德之足云？」又墨筆尾批：「情爲天地生人之實，如上文所謂一也。復乎一，而塞天地皆人。不見人也，天地而已矣，是謂混冥。」

郭注：「行其所爲，因而任之。」墨筆眉批：「如注所云因任，則何以異于解德人之無是非于胸中而任之天下之義？」

郭注：「使物爲之，則不化矣。」墨筆旁批：「語失斤兩。」

呂注：「行言自爲而天下化」，「則非以賞勸罰沮也。」墨筆眉批：「行言自爲句亦須說得與無而化者有別始得。」

呂注：「神則乘之以照而非光。」墨筆眉批：「光字何必回護？」

副墨：「自爲而已，無心爲人也。」墨筆旁批：「不是。」

「天下均治，而有虞氏治之邪？其亂而後治之與？」墨筆眉批：「世日變而治日異，時然乎哉？」

郭注：「復何爲計有虞氏之德而推以爲君哉？」硃筆眉批：「解得硬拗無當。」

「孝子操藥以脩慈父，其色燋然，聖人羞之。」墨筆眉批：「修，治也，何必輒作羞？」

郭注：「各止其分，故不傳教於彼也。」墨筆旁批：「無傳只是不修名底事。」

「孝子不諛其親」云云。硃筆眉批：「此一段亦淺亦深。」

「君之所言而然，所行而善，則世俗謂之不肖」云云。墨筆眉批：「好文章。」

「故莫若釋之而不推。」墨筆旁批：「不推，猶言不推求之耳。」

循本：「此下方說歸舜身上。」墨筆眉批：「亦不必實實指舜。」

循本：「此所適者，樂之行也。」墨筆眉批：「適字亦何必輒說在往適之適？大率有个意思，要怎地者，皆謂之適。」

「其於失性一也。」墨筆眉批：「性。」

「困惾中顙」。硃筆眉批：「困悛。」

「而楊墨乃始離跂自以爲得。」墨筆眉批：「楊墨。」

管見總論：「至比之鳩鴞虎豹，則非帷薄之，而惡之亦甚矣。」墨筆旁批：「原來如此麽？」

天道第十三

墨筆旁批：「共二千三百零四字。」

「天道運而無所積」。墨筆眉批：「運字妙。無所積更妙。惟無所積始能運。」

「而況精神聖人之心靜乎。」墨筆眉批：「精神聖人之心一連讀下。」

「夫虛靜恬淡寂寞無爲者」。墨筆眉批：「八字八義。」

「故帝王聖人休焉」。墨筆眉批：「心之精神是謂聖也。」

「夫虛靜恬淡寂寞無爲者，萬物之本也。明此以南鄉，堯之爲君也；明此以北面，舜之爲臣也。」墨筆眉批：「莊生極薄堯舜者，而何詎以虛靜恬淡與之？俗話何自一套？」硃筆尾批：「無爲二字分讀更好。」

「玄聖素王之道也。」墨筆眉批：「素王。」

「吾師乎」云云。墨筆眉批：「『吾師乎』六句，前大宗篇有之。」

「其生也天行，其死也物化，靜而與陰同德，動而與陽同波。」墨筆眉批：「與刻意篇同詞。」

「知雖落天地」。墨筆眉批：「落字不解。」

呂注：「德則無爲而已」至「道則有天有人」。硃筆眉批：「德字道字，也不必如此分配。若如此始確，則帝王之治以道德爲主，可何如説？」

「三軍五兵之運，德之末也」云云。墨筆眉批：「五末。」

「賞罰已明而愚知處宜。」墨筆眉批：「知。」

「仁賢不肖襲情」。墨筆眉批：「情。」

「驟而語形名，不知其本也；驟而語賞罰，不知其始也。」硃筆眉批：「形名賞罰之不可驟語也，誠妙。」

「天地者，古之所大也。」墨筆旁批：「可笑語。」

「仁義，人之性邪？」墨筆眉批：「性。」

「兼愛無私，此仁義之情也。」墨筆眉批：「情。」

「無私焉，乃私也。」硃筆眉批：「無私焉，乃私也。」

「則天地固有常矣」云云。硃筆眉批：「與天運篇中語同。」

「夫子亂人之性也。」墨筆眉批：「性。」

「昔者子呼我牛也而謂之牛，呼我馬也而謂之馬。苟有其實，人與之名而弗受，再受其殃。」墨筆旁批：「只是一句虛虛誻語，看深了便淺。」又墨筆眉批：「此只是士成綺對面看不見老子，老子亦不急急與之見之。如云爾要呼我爲馬則馬，牛則牛。如爾謂之不仁，若我誠不仁，爾之名我，稱我之實也，非汝誣我，我若不受此不仁之名而强與爾辯，謂我本仁，天下豈有可逃之名也？者是又得一層罪過矣。故曰：『再受其殃』。然老子本不以仁爲事，不因女説我不仁我便學而之仁，易我之爾，所謂不仁之迪也。我所事者，常常事之，亦非因事有事，蓋絕學去智之道也。注不平繹文義而深之，則看有實之實，猶云苟有我之所以爲我者，任爾加我甚名，我不受也。良非本義。」又墨筆尾批：「從爾叫我甚麽，我就是个甚麽，其中總是抓不着眞正知希之貴。」

「吾服也恆服。」硃筆旁批：「此眞是常不改所行者。」

郭注：「有實故不以毀譽經心也。若受之於心，則名實俱累，斯所以再受其殃也。」硃筆眉批：「解受弗受，艱深一層，然不必。」

郭注：「動而持者，不自舒放也。發也機，趨舍速也。」硃筆眉批：「此是『動而持』句；『發也機』句。」

筆乘：「知仁不仁，皆非其實也。苟見其實而不受，則始已有不仁之殃，而今再受之，徒增罪戾耳。」硃筆眉批：「如此解，都要把『再受』作一讀，『其殃』作句，始得。」

筆乘：「動而持發也」，「如彼之動而將發，而强持之也。」硃筆眉批：「此解，『動而持發』句。」

「天下奮棅而不與之偕」。墨筆眉批：「天下奮棅，直是謂天下之人各有所執，而欲操之以爲便者，至人豈待往，而人人與爭之。」

呂注。硃筆眉批：「審乎無假獨不及，何也？」

詳道：「天地萬物，外也。」「仁義禮樂，内也。」硃筆眉批：「如此便敢解書耶！」

「世人以形色名聲爲足以得彼之情。」墨筆眉批：「情。」

「知者不言，言者不知。」硃筆眉批：「知者不言，言者不知。」

管見總論：「則天自己出，炳靈獨化，地道人道其有不從者乎？」硃筆眉批：「安用者等！」

天運第十四

墨筆旁批：「共二千五百三十五字。」

「天其運乎」云云。硃筆眉批：「天問法。」

「巫咸袑曰」云云。墨筆眉批：「袑。」

「九洛之事」。墨筆眉批：「九洛。」

郭注。墨筆眉批：「不注九洛。」

「忘親易，使親忘我難。」墨筆眉批：「如何便能使親忘我？妙哉！」

「國爵并焉」。墨筆眉批：「并猶迸去之迸。」

郭注：「而未有親受於其間也。」墨筆旁批：「難說。」

呂注：「不愛則不孝，此不及孝之言也。至仁無親，則過孝之言也。」硃筆眉批：「此解過、不及字。貼上文來看過、不及字，是常解字法耳。看上文是『孝固不足以言之』，明明是人將謂此言有過于孝者矣，不知乃不及孝。」

「北門成問於黃帝曰」云云。硃筆旁批：「北門成已自解。」

「順之以天理」。墨筆眉批：「順之以天理。」

「塗郤守神。」硃筆眉批：「塗隙守神。」

「形充空虛。」硃筆眉批：「我幾時得形充空虛也？」

「故有焱氏爲之頌曰」云云。墨筆眉批：「有焱氏之頌。」

循本：「此卽從之純如也」，「卽所謂皦如也」，「卽所謂繹如也」云云。硃筆眉批：「此注可可。固不必以純、繹、皦貼合，然亦有理。」

「顔淵問師金曰」云云。墨筆眉批：「師金。」

「夫芻狗之未陳也，盛以篋衍」云云。墨筆眉批：「芻狗。衍。」又硃筆眉批：「莊生淺語而通。」

「彼不得夢」云云。墨筆眉批：「夢。」

「且子獨不見夫桔槔者乎！」墨筆眉批：「桔槔。」又硃筆眉批：「此又與天地篇之槔不同。」

「故西施病心而矉其里。」墨筆眉批：「西施病心。」

「不貸，無出也。」墨筆眉批：「不貸。」

「怨、恩、取、與、諫、教、生、殺八者，正之器也。」墨筆眉批：「八者正器。」

郭注：「見則僞生，僞生而責多矣。」硃筆眉批：「用不箸者解。」

呂注：「外無正，則彼欲受，而我不行。」硃筆眉批：「如此釋正字，當作正鵠之正。」又墨筆根批：「我不行三字未妥。」

「吾乃今於是乎見龍。」墨筆眉批：「見龍。」

「老聃方將倨堂而應微曰」云云。墨筆眉批：「應微，注都不及。」

「而先生獨以爲聖人。」墨筆眉批：「先生。」

「殺盜非殺，人自爲種而天下耳。」墨筆眉批：「副墨解『非殺人』爲句。」

「而今乎婦女」云云。墨筆眉批：「婦女，猶言婦其女，謂婚娶之早也。」

「莫得安其性命之情者。」墨筆眉批：「性命之情。」

郭注：「其弊至於斯者，非禹也，故曰天下耳。」硃筆眉批：「『非禹也』三字何其硬入！」

「孔子謂老聃曰」云云。墨筆眉批：「鄭景望蒙齋筆談引此段近禪學。」

「丘不與化爲人。」墨筆眉批：「不與化爲人，安能化人？」

刻意第十五

墨筆旁批：「共六百五十八字。」

「爲亢而已矣」，「爲脩而已矣」，「爲治而已矣」，「無爲而已矣」，「爲壽而已矣」。墨筆眉批：「亢。脩。治。無爲。壽。」又硃筆眉批：「五好。」

「其死也物化。」墨筆眉批：「化。」

「感而後應，迫而後動，不得已而後起。」墨筆眉批：「與慎到之『推而後行，曳而後往』似乎同矣，究竟不同。『不師智慮，不知先後，與物無擇，與之偕往』，來此卻異。」

「循天之理」。墨筆眉批：「理。」又墨筆旁批：「此四字也該博得儒一言之賞矣。」

「其生若浮，其死若休。」墨筆眉批：「浮。休。張舜民號浮休居士，取此。」

「其寢不夢。」墨筆眉批：「不夢。」

「粹之至也。」硃筆眉批：「粹。」

方子及：「忤與逆二字，何所分別，而兩言之？玩虛與粹二字可見。」墨筆旁批：「意有見而口說不來。」

「鬱閉而不流，亦不能清，天德之象也。」墨筆眉批：「水象天德，從『鬱閉不流亦不清』句來。天無一時而息，水不得一時不流。郭注『無心偕會』，所謂囫圇推去之語，不足解此。」

「夫有干越之劍者，柙而藏之，不敢用也，寶之至也。」硃筆旁批：「喻精神之不可用。」

郭注：「純粹而不雜，無非至當之事也」墨筆眉批：「俗話。」

繕性第十六

墨筆旁批：「共六百三十八字。淺語領之，實實受用。」

「古之治道者，以恬養知。」墨筆眉批：「以恬養知。」「生而無以知爲也，謂之以知養恬。」墨筆眉批：「定了慧，慧益定。」

「和理出其性」。「道，理也。」「道無不理，義也。」墨筆眉批：「理。」

「中純實而反乎情，樂也；信行容體而順乎文，禮也。」墨筆眉批：「情。」又墨筆根批：「二句發樂禮之微。」又墨筆眉批：「中純實而反乎情，樂也，眞妙語。」

「物必失其性也。」墨筆眉批：「性。」

郭注：「已治性於俗矣，而欲以俗學復性命之本，所以求者愈非其道也」云云。墨筆眉批：「注也未嘗不似，而吾獨別解。」

「然後去性而從于心。心與心識知，而不足以定天下。」墨筆眉批：「性。心與識知。去性而從于心，語義是性在前，心在後。」

「文滅質，博溺心。」墨筆旁批：「此六字儒者也當點頭了。」

「無以反其性情而後其初。」墨筆眉批：「性情。」

郭注：「心與心識。言彼我之心，競爲先識」云云。墨筆眉批：「上一從心，而下之心亂生。心與心用識用知，多相詐變。」

「世喪道矣，道喪世矣。」墨筆眉批：「世喪道，道喪世。」又墨筆旁批：「禮樂偏行。」

「道之人何由興乎世？」墨筆旁批：「道之人三字有義。」又墨筆眉批：「道之人是人自謂有興世之道者，如道學日日講平治者是。」

「隱，故不自隱。」墨筆眉批：「故不自隱有味。」

「時命大謬也。」硃筆眉批：「哀哉！」

郭注：「道以不貴，故能存世，然世存則貴之。」墨筆眉批：「無端出个貴字何用？此注全不是。」

郭注：「時命大行，此澹漠之時也。」硃筆旁批：「不是。」又注：「此不能澹漠之時也。」墨筆眉批：「此亦翻覆無窮者。」

「危然處其所，而反其性已。」墨筆眉批：「性。」

「失性於俗者」。墨筆眉批：「性。」

秋水第十七

墨筆旁批：「共二千七百九十七字。」

「爾將可與語大理矣。」墨筆眉批：「理。」

「方存乎見少，又奚以自多！」墨筆眉批：「方存乎見少。」又墨筆尾批：「大天地而小豪末。」

郭注：「物之所生而安者，趣各有極，以其知分，故可與言理也。」硃筆眉批：「子玄見解正自爾爾。與逍遥游注同義，不無河伯之見。」

郭注：「將以申明至理之無辨也。」硃筆旁批：「奴。」

「故遥而不悶，掇而不跂。」硃筆眉批：「遥而不悶，今日難言之。」

「明乎坦塗」。墨筆眉批：「明乎坦塗。」

「世之議者皆曰」云云。墨筆旁批：「世之議者。」

「是故大人之行，不出乎害人」云云。墨筆眉批：「『不害人、不多仁恩』至『辟異』，皆相反。『從衆，不賤佞諂』似是一例，然細繹之，亦相反。者『從衆』是從百姓起見，『佞諂』是主君上一人起見，故亦相反。」

「若物之外」。墨筆旁批：「若物之外。」

詳道：「大人之於天下」云云。硃筆眉批：「少了『動不爲利』。『宜賤門隸』矣，而『不賤門隸』。」

管見：「則君子、小人聽其兩行。」硃筆旁批：「道理固然。」

「梁麗可以衝城。」墨筆旁批：「梁麗。」

「未明天地之理，萬物之情者也。」墨筆眉批：「理。情。」

「然則我何爲乎？」墨筆旁批：「何爲乎。」

「是謂反衍」。墨筆眉批：「反衍。」

「論萬物之理也。」墨筆眉批：「萬物之理。」

「然則何貴於道邪？」墨筆旁批：「然則何貴於道。」

「知道者必達於理。」墨筆旁批：「莊生只裏逕出此一句。」又墨筆眉批：「理。」

「達於理者必明於權。」墨筆眉批：「理。」

「夔憐蚿，蚿憐蛇，蛇憐風，風憐目，目憐心。」墨筆旁批：「夔憐。眞可憐。」又墨筆眉批：「夔至風皆卒其說，獨目與心舍而不及，何也？心中眞不勝說，說來奈何？」又墨筆根批：「文章都如此讀之，始不厭。」

「孔子遊於匡」云云。墨筆眉批：「此卽前節『察乎安危，定于禍福，謹于去就，莫之能害』之實。」

「蹶泥則沒滅跗，還虷蟹與科斗」。墨筆眉批：「『沒滅扶還』亦可句。」

「此亦至矣，夫子奚不時來入觀乎！」墨筆旁批：「代鼃稱鱉爲夫子，亦可笑。其實『至矣夫』作句亦可。卽『夫子』連下句讀，亦作語助辭耳。」

「壽陵餘子之學行于邯鄲。」墨筆眉批：「壽陵餘子。」

「舌舉而不下」。墨筆眉批：「舌舉。」

郭注：「莊子謂子非我」云云。墨筆眉批：「本無難言，而老郭麻繁半日。」

卷六十七　莊子翼批注（三）

第三册封面墨筆批：「至樂，一理字：夫子貪生失理而爲此乎？達生，無理字。山木，無理字。田子方，無理字；畫史。知北遊，二理字：萬物有成理而不説；達萬物之理。庚桑楚，備物以將形，見此篇。一理字：容、動、色、理、氣、意六者，謬心也。徐無鬼，凌誶；麗譙；鏤壇；無理字。則陽，四理字：萬物殊理；與物同理；孰偏于其理，理未可覩。外物，無理字。意怠，山木。鷾鴯，山木。死生亦大矣，田子方篇中語。通天下一氣耳，知北游。與物化者，一不化者也，知北游。鞅掌，庚桑。越雞、魯雞，庚桑。踬，亢桑。備物將形，亢桑篇。知士無思慮一節，見徐無。天下皆羿也，可乎，徐。未離岑而造怨，徐。市南宜僚，凡再見于徐無鬼、則陽，又見山木。堇也，桔梗也，雞廱也，豕零也，是時爲帝者也，徐無鬼篇。揚搉，徐。惠以歡爲驁，外物。南華經，戴晉。」

第三册扉頁墨筆批：

至樂：莊子。惠子。支離叔。滑介叔。顔淵。孔子。列子。

達生：列子。關尹。痀僂者。仲尼。田開之。周威公。祝腎。單豹。張毅。桓公。管仲。皇子告敖。紀渻。呂梁丈夫。梓慶。東野稷。莊公。顔闔。工倕。孫休。子扁慶子。

山木：莊子。市南宜僚。魯侯。北宫奢。衛靈公。王子慶忌。孔子。太公任。子桑雽。林回。魏王。比干。顔回。藺且。陽子。

田子方：田子方。魏文侯。谿工。温伯雪。顔淵。仲尼。老聃。莊子。哀公。百里奚。秦穆。

宋元君。畫史。文王。臧丈人。列禦寇。伯昏無人。肩吾。孫叔敖。楚王。凡君。

知北遊：知。無爲謂。狂屈。黄帝。齧缺。被衣。舜。丞。孔子。老聃。東郭子。莊子。監市。婀荷甘。神農。老龍吉。弇堈弔。光曜。無有。大馬。捶鉤者。冉求。顔淵。狶韋氏。黄帝。有虞氏。湯。武。

庚桑：老聃。庚桑楚。南榮趎。羿。湯。伊尹。秦穆。百里奚。

徐無鬼：徐無鬼。女商。魏武侯。黄帝。大塊。方明。昌寓。張若。謵朋。昆閽。滑稽。牧馬童子。莊子。惠子。魯遽。郢人。匠石。管仲。桓公。鮑叔牙。隰朋。吴王。顔不疑。南伯子綦。顔成子。田禾。仲尼。孫叔敖。市南宜僚。子綦。九方歅。梱。齧缺。許由。舜。句踐。種。

則陽：則陽。夷節。王果。公閲休。彭陽，卽則陽。湯。冉相氏。司御門尹登衡。容成氏。魏瑩。田侯牟。犀首。季子。華子。惠子。戴晉人。孔子。市南宜僚。長梧封人。子牢。柏矩。老聃。蘧伯玉。仲尼。大弢。伯常騫。狶韋。衞靈公。少知。大公調。季眞。接子。

外物：龍逢。比干。箕子。惡來。桀。紂。伍員。萇弘。孝已。曾參。莊周。監河侯。任公子。老萊子。仲尼。宋元君。余且。惠子。堯。許由。湯。務光。紀他。申徒狄。

至樂第十八

墨筆旁批：「共一千四百零七字。」

「壽者惛惛久憂，不死何之，苦也。」墨筆眉批：「『不死』句，『何之苦也』句，亦可。」

「若以爲善矣，不足活身；以爲不善矣，足以活人。」墨筆眉批：「活身。活人。」

「忠諫不聽，蹲循勿爭。」墨筆眉批：「蹲循。」

「誙誙然如將不得已。」墨筆眉批：「誙。」

郭注：「舉羣誙誙趣其所樂，乃不避死也。吾未之樂，亦未之不樂者，無懷而恣物耳。夫無爲之樂，無憂而已。」墨筆眉批：「左來右去，是者兩句。」

「自以爲不通乎命」云云。墨筆眉批：「命。」

呂注：「莊子之所貴，則孔子、孟孫才、顏氏。」「何也？蓋人道之弊天下，沈於哀樂之邪，而滅其天理，故救之之道爲若此。」墨筆旁批：「腐惡至此。」

「莊子之楚，見空髑髏」云云。墨筆眉批：「髑髏。」又硃筆眉批：「淺俗。」

「夫子貪生失理。」墨筆眉批：「理。」

「諸子所言，皆生人之累也，死則無此矣。」墨筆旁批：「果然無此則大妙。」

「昔者管子有言」云云。硃筆眉批：「意同一篇管子。」

「種有幾？得水則爲㡭」云云。墨筆眉批：「好文章。」又墨筆旁批：「列子有若鼃爲鶉。」

「頤輅生乎食醯」云云。硃筆眉批：「加一乎字，則義當逆解。」又墨筆眉批：「列子：食醯頤輅生乎食醯黃軦，食醯黃軦生乎九猷，九猷生乎瞀芮，瞀芮生乎腐蠸。下有羊肝化爲地皋，馬血之爲轉燐也，人血之爲野火也，鷂之爲鸇，鸇之爲布穀，布穀久復爲鷂也。燕之爲蛤也，田鼠之爲鶉也，朽瓜之爲魚也，老韭之爲莧也，老羭之爲猨也，魚卵之爲蟲也。亶爰之獸自孕而生曰類，河澤之鳥視而生曰鶂。純雌其各大腰，純雄其各稺蜂。思士不妻而感，思女不夫而孕。后稷生乎巨跡，伊尹生乎空桑，厥昭生乎濕，醯鶏生乎酒。羊奚比乎不筍，久竹生青寧，青寧生程，程生馬，馬生人。人久入于機。萬物皆出于機，皆入于機。」

刺猬。」

碧虛：「羊奚與不箰之老竹比合，兩無情相交，而生青寧，形似刺猬。」墨筆眉批：「青寧如

得。」

副墨：「羊奚比乎不箰之久竹生青寧爲一句。」墨筆眉批：「一『乎』字便當逆數，此解大

達生第十九

墨筆旁批：「共二千三百九十五字。」

「達生之情者，不務生之所無以爲；達命之情者，不務知之所無奈何。」墨筆眉批：「命。

情。」

「物有餘而形不養者有之矣。」硃筆旁批：「張毅。」

「形不離而生亡者有之矣。」硃筆旁批：「單豹。」

「事奚足棄而生奚足遺？」墨筆旁批：「此非謂事不足棄也，掂播之耳。」

呂注：「萬物者，禀精於天，成形於地，其合則吾之所以成體，天地氤氲，萬物化醇，是也。」

硃筆眉批：「此二句解似有所見，而究明半暗半。」

「物之造乎不形而止乎無所化。」墨筆眉批：「無所化是甚？」

「其天守全，其神無郤。」硃筆眉批：「『神無郤』三字妙。」

「復讐者不折鏌干，雖有忮心者不怨飄瓦。」墨筆旁批：「且道不折鏌干，仇復不復？」又墨筆

眉批：「復讐者不折鏌干，忮心不怨飄瓦。」

郭注：「非物往可之。」墨筆眉批：「〇此『非物往可之』，非〇義〇句也。」

郭注：「常遊於極，非物所制也。」墨筆眉批：「原於此道一豪未曾夢見，一味囫圇說，那得不教人悶之。」

江遹：「至人不離於眞者也。眞在内，則萬物孰足以易之」云云。硃筆眉批：「籐葛不了，惡用爲？」

江遹：「不違萬物自然之數者，不深之度也。」硃筆改「深」爲「淫」。

「我有道也。五六月累丸二而不墜，則失者錙銖。」墨筆眉批：「北宮奢之爲鍾，大馬之捶鉤者，皆宜在此類中。」

江遹：「學承蜩於累丸者，丸之爲物，可轉而反，莫適爲反，能累之而不墜。」硃筆眉批：「不消了。」

「以瓦注者巧，以鉤注者憚，以黄金注者殙。其巧一也，而有所矜，則重外也。凡外重者，内拙。」墨筆眉批：「瓦、鉤、金。儵黄曰：外其身而身存。」

江遹：「唯有道者，斯能輕忘世故，出沒萬變之中，而未嘗有所困。」硃筆眉批：「只是多。」

「威公曰：吾聞祝腎學生」云云。墨筆眉批：「祝腎。」

「聞之夫子」云云。墨筆旁批：「祝腎之言。」

「魯有單豹者」，「行年七十而猶有嬰兒之色。」墨筆旁批：「單豹之後在何處？」又墨筆眉批：「單豹。」

「有張毅者」，「行年四十而有内熱之病以死。」墨筆旁批：「張毅之後在何處？」又墨筆眉批：「張毅。」

「無入而藏，無出而陽，柴立其中央。」墨筆於三句旁分別批：「不得太深，一團陰氣。不得太淺。黃庭黃庭。」又墨筆眉批：「入不得藏，出不得陽，三者謂入出中央。」又硃筆眉批：「語淺而至。」

「人之所取畏者，衽席之上，飲食之閒，而不知之爲戒者，過也。」墨筆旁批：「所以祝腎知此。」又墨筆眉批：「祝腎之義終矣。」

郭注：「鞭後者，去其不及也。」墨筆眉批：「傅山曰：鞭後猶言勉其未能耳。只以其見所守者爲得而偎安之，則無志氣之人也。」

循本：「羊已前行者不須鞭，唯其後者鞭之，以喻既養其内者，不必更用工於内，但當養其外；既養其外者，不必更用工於外，但當養其内。」墨筆眉批：「胡說！」

「則苟生有軒冕之尊，死得於腞楯之上，聚僂之中，則爲之」云云。墨筆眉批：「那個軒冕之人不死？看來此是逕要不死邪？若僅僅安貧賤而棄富貴，貧賤之人雖說不死，卽不死于腞楯聚僂，而死于溝渠，不可謂之不死也。」注：「腞楯，羅云：畫盾也。」墨筆旁批：「看來腞楯聚僂還不是說畫輴之類，卽是彫俎之類。蓋謂其生而軒冕，而死而爲醢難，閔所甘心也。」

方思善：「腞楯，陸氏音義云：字當作篆輴，畫輀車，所以載柩」云云。墨筆眉批：「解得亦典亦雅，而於文義則無所警。」

「紀渻子爲王養鬬雞，十日而問：『雞已乎？』曰：『未也，方虛憍而恃氣。』」墨筆眉批：「此不可語於兵耶。」

張湛：「則彼命敵而我不應。」墨筆旁批：「而不致于人。」

「被髮行歌而遊於塘下。」墨筆眉批：「行其無事之智。」

「吾始乎故，長乎性，成乎命，與齊俱入，與汩偕出。」墨筆眉批：「齊。汩。」

「然後成見鑣，然後加手焉。」墨筆眉批：「傅山曰：『然後成』無義，當讀爲『然後見成鑣，然後加手焉』爲得。」

「忘其肝膽，遺其耳目，芒然彷徨乎塵垢之外，逍遙乎無事之業。」硃筆眉批：「『忘其肝膽』四句，大宗師篇中有此語矣。山木篇太公任語同。」又硃筆旁批：「莊書類語。」

新傳：「若莊子者，可謂能盡其意者乎！」硃筆旁批：「不勞過獎。」

山木第二十

墨筆旁批：「共二千一百九十二字。」又硃筆旁批：「虛舟。」

「莊子行於山中。」硃筆旁批：「句可笑。」又硃筆眉批：「至道原不得多言。文字之妙，皆妙于道外，乃莊子之大凡也。」

「夫子出於山，舍於故人之家。」硃筆改「夫子」爲「莊子。」

「無譽無訾，一龍一蛇，與時俱化而無肯爲。」硃筆旁批：「如此則大道近于鄉願矣。」

「一上一下，以和爲量。」硃筆旁批：「一味退遜邪？乃後曰，一龍而不單爲蛇，一上而不單爲下也。」

「此神農、黃帝之法則也。」墨筆旁批：「此處又說神農、黃帝是好底。」

「合則離，成則毀，廉則挫，尊則議。」硃筆眉批：「人間原自如此。」

「市南宜僚見魯侯」云云。墨筆眉批：「市南宜僚。魯侯。」

「南越有邑焉，名爲建德之國。」墨筆眉批：「建德之國。」

「與道相輔而行。」墨筆旁批：「教往建德之國。」

「故堯非有人」云云。硃筆旁批：「此非莊子語。」

「有虚船來觸舟，雖有惼心之人不怒。」墨筆眉批：「好文章。虚舟。」

「奢曰：一之間無敢設也。」墨筆眉批：「一之間無敢設也。」

「儻乎其怠疑。」硃筆眉批：「怠疑，臆當讀如佁儗。」

「故朝夕賦斂而毫毛不挫。」硃筆旁批：「有個道理。」

注：「北宫奢，衛大夫也，成上下之縣」云云。硃筆尾批：「朱衣曰：可語采取之微，而注被庋。」

郭注：「泊然抱一，非敢假設以益事，復歸於朴」云云。硃筆眉批：「不知説了个甚。」

「東海有鳥焉，其名曰意怠。」墨筆眉批：「意怠鳥。」

「子其意者飾知以驚愚，修身以明汙。」硃筆眉批：「達生篇扁子語同此。」

「道流而不明居，得行而不名處，純純常常，乃比於狂。」「得」字旁硃筆批：「德。」又墨筆眉批：「狂。」

郭注：「道昧然而自行。彼皆居然自得此行耳，非由名而後處之。」墨筆眉批：「不通。」

管見：「『名』應是『明』。」硃筆尾批：「明、名皆可。」

「孔子問子桑雽曰」云云。墨筆眉批：「子桑雽、子桑戶不知是一人否？」

「子獨不聞假人之亡與？」墨筆旁批：「假，國名。」

「林回棄千金之璧，負赤子而趨。」墨筆眉批：「林回。」

「且君子之交淡若水，小人之交甘若醴。君子淡以親，小人甘以絕。」墨筆旁批：「此四句又見禮記，何也？」

「舜之將死，眞泠禹曰」云云。墨筆眉批：「『眞泠』謌，不解。」又硃筆尾批：「眞泠可以意會者。眞泠，或曰以眞語省之，猶言以水澆背也。」

「形莫若緣，情莫若率。」墨筆眉批：「情。緣。率。」

「莊子衣大衣而補之，正緳係履，而過魏王。」硃筆旁批：「戰國爛套語。」又硃筆根批：「緳。」

「攬蔓其枝，而王長其間。」硃筆眉批：「淺俗語，何從羼入？」

「今處昏上亂相之間，而欲無憊，奚可得邪？」硃筆旁批：「豈是莊子語！」

「孔子窮於陳、蔡之間」，「而歌猋氏之風」。墨筆眉批：「天運篇有猋氏爲之頌曰：聽之不聞其聲，視之不見其形，充滿天地，包裹六極。」

「爲人臣者，不敢去之。」硃筆旁批：「凜然洒然。」

「始用四達，爵祿並至而不窮，物之所利」云云。硃筆眉批：「物之所利，亦可別解。君子四達之時，亦是人物之得造化時也，而不單爲我利也。」

「吾命有在外者也。」墨筆旁批：「孟子：命也，性也。有命焉，有性焉。」

「故曰：鳥莫知於鷾鴯。」墨筆眉批：「鷾鴯。」

「而襲諸人間，社稷存焉爾。」墨筆旁批：「此直是說鷾鴯離人不得，喻受人益也。」

「仲尼曰：化其萬物而不知其禪之者，焉知其所終？焉知其所始？正而待之而已耳。」墨筆旁批：「義同大宗師『審乎無假而不物遷，命物之化而守其宗』也。」又硃筆眉批：「如此，則波流無已。」又墨筆眉批：「化。」

「仲尼曰：有人，天也；有天，亦天也。人之不能有天，性也，聖人晏然體逝而終矣！」「人之不能有天」旁硃筆批：「既云人與天一，如何又不能有？」「聖人晏然」旁硃筆批：「說到者裏，聖人竟是沒法人，委心任運而已矣耶！聖人不苦眞人。」硃筆眉批：「但循本文擬之，『人之不能有天，性也』，謂性，天之所命，我不得據而有之，終來是要遺我身而去底，究竟性去了，連我之所爲我者，亦泯泯矣。而所謂『盡性至命』，難說但徒有其言耶！徒有其言，聖人之欺人、自欺，果何所見而拊此津旨也？」

郭注：「此所以稱『知』，況之至人，則玄同天下，故天下樂推而不厭，相與社而稷之。」硃筆旁批：「然乎？」硃筆眉批：「本文不是者個話說。」

郭注：「凡所謂天者，皆明不爲而自然。言自然則自然矣，人安能故有此自然哉？自然耳，故曰性。」墨筆尾批：「『人之不能有天，性也。』明說『性』字不得爲天矣，何謂『自然耳，故曰性』？」又硃筆眉批：「朱衣曰：如郭注『人之不得有天』，則大道終不得而有之，如舜問丞之旨矣。然人不得有天，而天未嘗離人。果不得有，守眞抱一之道虛矣。細看來，此句之病，在『性』字上。如易『繼之者善，成之者性』之『性』，以其去天漸遠矣。故禪門見性功夫，其實是返始達天之義耳。故『有人，天也；有天，亦天也』，猶言有人，是天生之也。若說道天是誰生，此處不可究竟，亦屬之天，必竟涵胡媕娿。似是謂人身中，若有了天，非人力可把天拏來包定底，亦是天也，是『人而天也』之『天』也。『人之不能有天』，病在何處？由于成人之性，而忘其所謂天也。」

呂注：「則天下相與社稷之不可去。」墨筆旁批：「不是。」

口義：「人性生而有者，皆得之於天，豈人所得而與哉？」硃筆眉批：「『人不能有其天，性也』句，不得炤本文易耳。」

筆乘：「則以社稷之時」云云。硃筆旁批：「然乎？」

筆乘：「燕以春社來，秋社去，故云。」硃筆眉批：「稷字若何？」又墨筆眉批：「傅山曰：『社稷』猶言其國家；謂燕之巢居也。」又硃筆尾批：「畢竟此說極有理，『稷』字或但因『社』字連出。」

「莊子遊乎雕陵之樊，覩一異鵲，自南方來者。」硃筆眉批：「亦是戰國之文中類語。」又墨筆眉批：「雕陵。」

「物固相累，二類相召也。」墨筆眉批：「『二類相召』四字俚。」

「莊周反，入，三月不庭。藺且從而問之」云云。硃筆眉批：「庭字如何？」墨筆尾批：「庭字都不講，何也？」又墨筆眉批：「藺且。不庭。」

管見總論：「是篇以山木命題，卽大樗櫟社之義。」硃筆眉批：「此論不舛。」

田子方第二十一

墨筆旁批：「共二千一百八十一字。」

「物無道，正容以悟之，使人之意也消。」硃筆眉批：「正容可悟，只足待大慧根人耳。」硃筆旁批：「也還是好物。」

「昔之見我者，進退一成規，一成矩，從容一若龍，一若虎。」「進退」、「從容」旁均硃筆批：

「禮義。」硃筆眉批：「第一等大儒持身接物之道，盡此矣。」

呂注：「從容若龍若虎，則機變出於燕閑之際。」硃筆眉批：「龍虎加機變不得。」

呂注：「諫我似子，道我似我，則非得我於眉睫之間。」硃筆旁批：「是。」

「顏淵問於仲尼曰：夫子步亦步，夫子趨亦趨」云云。硃筆眉批：「好文章。顏回服聖人者，全在言辨上耳。」

「仲尼曰：惡！可不察與！夫哀莫大於心死，而人死亦次之。」硃筆眉批：「朱衣曰：『哀莫大于心死，而人死亦次之』，明明是教回趁着未死，速速做見在工夫看。知命不能視，便有先見回之短命。意思『一臂』之言，定有下手。『心死神活』是道家要語，而此云『心死』，非其所謂之『心死』也。」「可不察與」旁墨筆批：「此語竟與所問者不照管。」「心死」旁硃筆批：「不知今天下之人，憑甚活也。怕人，怕人！」「人死」旁硃筆批：「看是教人作甚麽。」

「日出東方而入於西極。」硃筆旁批：「是眞指日耶？」

「是出則存，是入則亡。」硃筆旁批：「『是』指甚？」

「吾一受其成形，而不化以待盡。」墨筆旁批：「哀哉！」墨筆眉批：「一段喫緊話頭，不得復以莊生常語看過。」硃筆旁批：「卽是齊物論中旨。」又墨筆眉批：「化。」

「效物而動，日夜無隙，而不知其所終；薰然其成形，知命不能規乎其前。」硃筆旁批：「句句是警省恫喝底話頭，非如注所言。」又硃筆旁批：「『効物而動』數句，明白是說不務聞道，流浪生死，與無知之物何異？」又硃筆旁批：「卻怎地呀！卻怎地呀！」又硃筆根批：「『薰』字卽佛經『薰習』之『薰』。」

「丘以是日徂。吾終身與女交一臂而失之，可不哀與！」墨筆眉批：「眞師豈容易相遇？而說到『日徂』，不痛娩聞道之無期者，非夫也。朱衣道人曰：一臂猶言一个把臂也。如云終身所與相勉勵者，只在此一臂。而欲覿面失之，不覺痛癢，豈不可哀？又曰技擊之人，點化其徒，正不再多，妙處令人應接不及處，也只是一臂光景。看他上場時，亦可參此。」

「女殆著乎吾所以著也。」硃筆旁批：「『著』字當讀作入聲。」

「彼已盡矣，而女求之以爲有。」硃筆旁批：「此處是性與天道耳。」

「雖忘乎故吾」。硃筆旁批：「嗚呼哀哉！吾故在何所？」「吾有不忘者存」。硃筆旁批：「是甚？」

郭注：「竟無死生也。」硃筆旁批：「混話！」

郭注：「故一受成形，則死盡無期也。」硃筆旁批：「郭象自是流浪生死人，何足語此！」

郭注：「效物而動，自無心也。日夜無隙，化恆心也。」硃筆旁批：「解與意反，大不是。」

郭注：「薰然其成形，謂薰然自成。」硃筆旁批：「郭注不勝摘哉！」

郭注：「雖忘故吾，而新吾已至，未始非吾。」墨筆旁批：「不知說甚。」

呂注：「日之出東入西，物莫不比方。」硃筆眉批：「者一節要看個『日』字是何物。」

呂注：「孰有所以著而可著乎？」硃筆改「乎」爲「者」。

循本：「是猶不曾兩臂相交，只交得一臂而相失。」硃筆眉批：「可笑！」墨筆眉批：「該打！」

「孔子見老聃」云云。硃筆眉批：「此一段要連上顏淵問一段連讀下來。」

「心困焉而不能知，口辟焉而不能言」云云。硃筆眉批：「皮厚語，動輒一套，而時露其微。」

「日改月化」。墨筆眉批：「化。」

「日有所爲而莫見其功。」硃筆旁批：「又是楞嚴了。」

「生有所乎萌，死有所乎歸，始終相反乎無端，而莫知乎其所窮。」硃筆眉批：「傅山曰：一部道書，四句括之。」

「非是也，且孰爲之宗？」硃筆旁批：「是甚？」

「草食之獸，不疾易藪；水生之蟲，不疾易水。」硃筆旁批：「此等論正復有輪迴善逝工夫，正自高上。」又墨筆眉批：「佛經。」硃筆眉批：「只是不貪生、不怖死底道理。解此可讀文昌化書。」

「行小變而不失其大常也。」硃筆旁批：「怕自己作不得主了，奈何？」

「喜怒哀樂不入於胸次。」硃筆根批：「又是口入而不口，得之君子然。」

「夫天下也者，萬物之所一也。」硃筆旁批：「五字正難解。」

「且萬化而未始有極也。」墨筆眉批：「化。」

「夫水之於汋也，無爲而才自然矣」云云。硃筆眉批：「又是一套籠統話。」

「至人之於德也，不修而物不能離焉。」硃筆旁批：「果然耶？」

「丘之於道也，其猶醯雞與？」墨筆眉批：「醯雞。」

「履句屨者，知地形。」「句」字旁硃筆批：「方。」

「緩珮玦者，事至而斷。」硃筆旁批：「難難。秀才要反，妄議三年！」又墨筆眉批：「傷。」

「獨有一丈夫儒服而立乎公門。」硃筆旁批：「是誰？」

呂注：「莊子數假孔子問學於老聃之徒」，「此言不發，則學者無以知尊孔子之實。」硃筆旁批：「奴話。」

「宋元君將畫圖」，「舐筆和墨」云云。硃筆旁批：「奴秀才做文字模樣。」

「於是旦而屬之夫夫曰：昔者寡人夢見良人」云云。硃筆在前一「夫」字旁批曰：「大。」又墨筆眉批：「夢。」

「列士壞植散羣，則尚同也。」硃筆眉批：「本文『尚同』二字解『壞植散羣』，何等周備，而注亂嚷。」

「泛然而辭，朝令而夜遁。」硃筆旁批：「注都遠此不及。」

「文王其猶未邪，又何以夢爲乎？」硃筆眉批：「結局索矣。」

郭注：「當悟未悟之頃，故文王循而發之。」硃筆眉批：「又是一見。」

循本：「釣有釣者」，「此依彷呂望之事。」硃筆旁批：「呂望不足以語此。」

管見：「植壞散羣，則撤戍罷兵，隣封混一。」硃筆眉批：「又遠了。」

郭注：「『方矢復寓』者。言前矢去未至的，已復寄杯水於肘上，言其敏捷之妙也。」硃筆旁批：「如何承接？」硃筆眉批：「如此注，莫說道理，且看文義，明白說方矢而復寄杯水，可笑。」硃筆尾批：「寄杯水于肘上，明明是放一杯水于肘上，而直管射之，不是發一箭又換一杯水于肘上也。郭奴連者也不知！」

筆乘：「適矢復沓者，矢去而復沓前矢也。」硃筆旁批：「亦麻煩。」

「肩吾問於孫叔敖曰」云云。硃筆眉批「肩吾。」

「死生亦大矣，而無變乎己。」墨筆眉批：「蘭亭記：古人云：『生死亦大矣。』引此。」

「既以與人，己愈有。」墨筆旁批：「此句在此末，頗難解。」又硃筆眉批：「既以與人，己愈有。」

「楚王與凡君坐。」墨筆眉批：「凡。」

管見總論：「可謂善揚師德，一言悟生者矣，何患乎己之不立，道之不行乎！」硃筆旁批：

「了了！那裏用此話說。」硃筆眉批：「如此總論，尚敢讀莊耶？婆媽嚼咀，可厭可笑！」

知北遊第二十二

墨筆旁批：「共二千六百一十三字。」又硃筆旁批：「無甚奇語。」

「知北遊於玄水之上。」墨筆眉批：「知。」

「何思何慮則知道？」硃筆眉批：「說文：『思，容也。慮，謀思也。』皆解不著。」

「爲道者日損。」墨筆眉批：「日損。」

「今已爲物也」云云。硃筆旁批：「苦哉！」

「人之生，氣之聚也。聚則爲生，散則爲死。」硃筆旁批：「是，是。」

「臭腐復化爲神奇。」墨筆眉批：「臭腐神奇。」

「通天下一氣耳。」硃筆旁批：「至道大用。」硃筆眉批：「愚嘗靜參『通天下一氣』五字，而

略見所謂『抱眞守一』之宗。」

「予與若終不近也，以其知之也。」墨筆眉批：「知。」

筆乘：「無爲謂之眞是也。」硃筆眉批：「『無爲謂』原是設詞，那得如此比擬？」

「萬物有成理而不說。」墨筆眉批：「理。」

「聖人者，原天地之美而達萬物之理。」墨筆旁批：「儒見此句，也該眉嘻眼笑矣！」

「今彼神明至精，與彼百化。」硃筆眉批：「彼神明之與萬物化者是甚？」硃筆旁批：「隨波逐流，也要防者。」
「扁然而萬物自古以固存。」墨筆眉批：「扁然。」
「六合爲臣，未離其内。」硃筆旁批：「至精包焉。」
「秋毫爲小，待之成體。」硃筆旁批：「至精貫焉。」
「天下莫不沈浮，終身無故。」硃筆旁批：「至精新焉。」
「萬物畜而不知。」墨筆眉批：「知。」
郭注：「百花自化，而神明不奪也。」硃筆旁批：「混！」
「齧缺問道乎被衣。」墨筆眉批：「齧缺。」
「若正汝形，一汝視，天和將至。」硃筆眉批：「正經話。」
「攝汝知，一汝度」。墨筆眉批：「知。」
「舜問乎丞曰」云云。墨筆眉批：「舜。丞。」
「性命非汝有」。墨筆眉批：「命。」
「天地之彊陽氣也。」墨筆眉批：「彊陽氣。」
「孔子問於老聃曰」云云。墨筆眉批：「莊篇類語。」
「汝齊戒疏瀹而心」云云。硃筆眉批：「多乎哉耳！」
「形本生於精。」墨筆旁批：「此是老氏之要。」
「而萬物以形相生。」硃筆旁批：「形固造形。」
「中國有人焉，非陰非陽。」硃筆旁批：「突舉『中國』二字。」墨筆眉批：「非陰非陽。」

「調而應之，德也；偶而應之，道也。」硃筆旁批：「失道而後德，正爭在『調』『偶』二字之間。不得其偶，須調之矣。」

「人生天地之間，若白駒過郤。」硃筆旁批：「句便卑，易爾爾。」

「已化而生，又化而死。」墨筆眉批：「化。化。」

呂注：「解弢則弛張莫拘，墮袠則卷舒無礙」云云。墨筆眉批：「不知說了個甚！」

「夫子之問也，固不及質。」硃筆眉批：「愚謂『之問也固』，亦可句。」又墨筆眉批：「『質』字若解爲郢人聽斲之質，在此處又突然無謂。」

「正獲之問於監市履狶也，每下愈況。」硃筆旁批：「此句解之都不得，不知當如何解。」

「汝唯莫必，無乎逃物。」墨筆眉批：「正獲之問監市，似有其人與言，特不傳耳。」

「吾已往來焉而不知其所終。」硃筆旁批：「若說生死死生往來，豈可勝數至于今也？」又硃筆眉批：「四果中一往來如何？」

「彷徨乎馮閎，大知入焉。」墨筆眉批：「馮。大知。」

「物物者，與物無際。」墨筆根批：「際。」

郭注：「期而後可，欲令指名所在也。」硃筆眉批：「正獲兩字如何？」

郭注：「故往而不知其所至」云云。墨筆眉批：「都是猜話。」

循本：「司正司獲之與監市履狶，雖異職，而同爲飲射之事，故問之也。」硃筆眉批：「亦未了了。」

「婀荷甘與神農同學於老龍吉」，「弇堈弔聞之曰」云云。硃筆眉批：「婀荷甘、老龍吉、弇堈弔三名皆詭。」

「泰清問乎無窮曰：子知道乎？無窮曰：吾不知。」墨筆眉批：「不知。知。」

「子之知道，亦有數乎？」硃筆眉批：「局機同知者，北遊篇之問黃帝也。」

「非鉤無察也，是用之者假不用者也，以長其用，而況乎無不用者乎！」墨筆旁批：「用志不分而疑神。」墨筆尾批：「無不用謂是不用者亦無之，無無亦無也。」又墨筆眉批：「踐時其所不蹍，斯足而墊，三致黃泉，皆此語意。」

「昔之昭然也，神者先受之。」墨筆眉批：「神者。」

郭注：「非惟無不得化而爲有也，有亦不得化而爲無矣。」硃筆旁批：「不了了。」

郭注：「夫死者，獨化而死耳，非生者生此死也。生者，亦獨化而生。」硃筆眉批：「壺蘆之言。」

疑獨：「虛則神生，故昭然。」硃筆眉批：「解得通。」

疑獨：「因死生生，死生各有一體。」硃筆旁批：「與本文差。」

管見：「未有天地之先，吾身之本來是也。」硃筆旁批：「此等語必竟溷帳！」

管見：「汝用知識而求其所謂神，是神者先受」云云。硃筆眉批：「太好了。」硃筆旁批：「解得過了。」

管見：「言獨有道，居天地之先，物無先天地生者。」硃筆眉批：「是則是矣，悶殺，悶殺。」

「仲尼曰：古之人，外化而內不化；今之人，內化而外不化。」墨筆眉批：「化。化。」

「與物化者，一不化者也。」墨筆眉批：「則陽篇中有曰：與物化者，一不化者也。」又墨筆眉批：「與物化者，一不化者也。」

「豨韋氏之囿，黃帝之圃，有虞氏之宮，湯武之室」。墨筆眉批：「囿、圃、宮、室。」

「若儒墨者師，故以是非相鳌也。」墨筆旁批：「『者』字亦可爲句。『師』連下讀，謂師其陳言守勝也。」又墨筆眉批：「鳌。」

「世人直爲物逆旅耳。」硃筆旁批：「哀樂。」

「無知無能者，固人之所不免也」云云。墨筆旁批：「恁地老實明白話，一切瞎贑全不曾致見。」

郭注：「化與不化皆任彼耳。」墨筆眉批：「淮南精神訓：形有摩而神未嘗化者，以不化應化，千變萬拎而未始有極。化者，復歸于無形也。不化者，與天地俱生也。夫木之死也，青青去之也。夫使木生者，豈木也？猶充形之非形也，故生生者未嘗死也，其所生則死矣。化物者未嘗化也，其所化則化矣。」

卷末硃筆批：「知問無爲謂，舜問丞，齧缺問被衣，仲尼問老聃，泰清問無始，光曜問無有，大馬問捶鈎，冉有問仲尼，顏淵問仲尼，通篇機杼在問之而不得問上，其神情也。」

卷六十八　莊子翼批注（四）

庚桑楚第二十三

墨筆旁批：「共二千四百四十四字。」

「擁腫之與居，鞅掌之爲使。」墨筆旁批：「似反知。似反仁。」硃筆眉批：「此鞅掌與詩經異。」

呂注：「擁腫，遲鈍。鞅掌，拘執。」墨筆眉批：「鞅掌解拘執，與擁腫背。」

「夫函車之獸，介而離山，則不免於網罟之患」云云。硃筆眉批：「經中厭語。」

「且夫二子者，又何足以稱揚哉！」墨筆旁批：「堯舜。」

「將妄鑿垣牆而殖蓬蒿也。」墨筆眉批：「鑿垣牆。」

「正晝爲盜，日中穴阫。」墨筆眉批：「穴阫。」

「大亂之本，必生於堯舜之間，其末存乎千世之後。」硃筆於「其末」旁批：「是。」

「若趎之年者，已長矣。」硃筆旁批：「是眞心問道語。」

「將惡乎託業以及此言耶？」墨筆旁批：「急了。」

「無使汝思慮營營。」墨筆眉批：「駢拇篇『自聞自見』而已矣。」

「目之與形，吾不知其異也」云云。硃筆眉批：「目之與形三句，煞有警義。」

「而聾者不能自聞。」硃筆旁批：「不若自聞聞。」

「越雞不能浮鵠卵，魯雞固能矣。」墨筆眉批：「越雞。魯雞。」

「子何與人偕來之衆也?」硃筆眉批:「好喝。」又墨筆眉批:「智仁義三者,正偕來之衆。」

「汝欲反汝情性而無由入,可憐哉!」墨筆尾批:「可憐,眞可憐!」又墨筆眉批:「情性。」

「汝自灑濯,孰哉鬱鬱乎然而其中津津乎猶有惡也。」墨筆旁批:「『孰哉』至『惡也』十六字作一句讀,不必爲中間一『然』字隔住。」

「夫外韄者不可繁而捉,將内揵。」硃筆旁批:「光景極眞,須是參道人有此。」又墨筆眉批:「韄。揵。」

「外内韄者,道德不能持。」墨筆根批:「此『持』字不大妙,當是『解』字才稱。」

「趎願聞衛生之經而已矣。」墨筆眉批:「衛生之經。」

「和之至也,終日握而手不掜;共其德也,終日視而目不瞚。」墨筆眉批:「掜。瞚。」

「郭注:」墨筆眉批:「郭注不及『韄』字。」

「是乃所謂冰解凍釋者。」硃筆眉批:「『冰解凍釋』與上『抱一無失』不相干涉。」又墨筆眉批:「此一節反反覆覆,似不了語,于文義上下不相稱。」墨筆旁批:「須云若是至人,乃所謂『冰解凍釋』者,不但如此,又説個『夫至人者』。説來説去,前後無甚深淺,須要讀者于中間加個『注』字,始讀得去。」又墨筆旁批:「若『冰解凍釋』,則近于本來無物矣。尚『不至』邪,又從起一『至人者』云云,何也?」

「天之所助,謂之天子。」硃筆眉批:「素問寶命全形篇曰:知萬物者謂之天子。」硃筆旁批:「看比天子是個甚人。」

郭注:「人見其人,物見其物,物各自見,而不見彼,所以泰然而定也。」硃筆眉批:「似非本義。」

「備物以將形。」墨筆旁批：「養生。」「藏不虞以生心。」墨筆旁批：「防患。」「敬中以達彼。」墨筆旁批：「接物。此非方外之言矣。」又墨筆眉批：「『備物將形』是從『衛生之經』來。」又墨筆眉批：「正經話不之少。」又墨筆眉批：「此條是一個誠字工夫，卻不是經中玄妙之義，逕爲儒家流者之言矣。」

「業入而不舍，每更爲失。」硃筆旁批：「學則不固，從業只有倒塌。」

「明乎人，明乎鬼者，然後能獨行」云云。墨筆眉批：「窮似專好算計者，且似極沒分數者。」

「與物窮者，物入焉。與物且者，其身之不能容，焉能容人？」墨筆旁批：「以窮害且看，只是不苟合，初便慮始終耳。與人苟且之人，似乎可久，而終相賊害者，卽屬此輩。」硃筆眉批：「注都解不去。」又墨筆眉批：「『苟且』二字，似是闒茸一邊人。如無害于事者，不知事不計始終，漫漫而爲之，埋多少禍害于其中，發而後知耳。」

「無親者盡人。」墨筆旁批：「『盡人』二字，僭猶『盡人之忠』之盡。」

郭注：「非虞度而出之。」硃筆旁批：「何解？」

呂注：「萬物與我爲一，備物也將形」。硃筆改「也」爲「以」。

呂注：「則與物窮而無我」，「否則與物且而已」云云。硃筆眉批：「『且』字與『窮』字對。此解當未妥。」

「滅而有實，鬼之一也。」墨筆眉批：「滅而有實，眞空實相。」

郭注：「欻然自生，非有本。欻然自死，非有根。」硃筆旁批：「混賬話！」硃筆眉批：「此固晉時常談，其實未自了。」

呂注：「滅而有實，不能反乎無物也。出而不反，與出而得，奚以異乎？」墨筆眉批：「若爾，有何妙處？」又硃筆眉批：「不是，不是。」

呂注：「出於道者，則未始有本也。」墨筆眉批：「如此則前所謂『感而有實』之『實』是甚？」

「其次以爲有物矣，將以生爲喪也，以死爲反也，是以分已。」墨筆眉批：「至者無生死，故有生死者爲次也。不生不死是不分，有生有死則分矣。」

「是三者，雖異，公族也。」墨筆眉批：「前曰『雖異』，文氣似後當有一『不異』字面承之，而卻又用一『非一也』結之。」

「非一也。」墨筆旁批：「似不當有非字。」

「有生，黬也，披然曰移是。」硃筆眉批：「好文章。」

郭注：「物之變化，無時非生，生則所在皆本也」云云。硃筆旁批：「逕不諷詠上下文而逐句冒解。」硃筆眉批：「非本文之義。」

「容、動、色、理、氣、意六者，謬心也。」墨筆眉批：「理。此理字不知何指。」

「此四六者，不盪胸中，則正。」墨筆眉批：「四六。」

「知者，接也。」墨筆眉批：「知。接。」

「知者之所不知，猶睨也。」墨筆眉批：「睨。」墨筆尾批：「從『睨』推之，凡聽聞皆然。」

郭注：「明恕素足也。」硃筆眉批：「『明恕素足』四字，何等簡足。」

「羿工乎中微，而拙乎使人無己譽。」墨筆眉批：「末條語義又歸在亢桑未能使人不尸祝上之義。」

「唯蟲能蟲，唯蟲能天。」墨筆眉批：「蟲。」

「是故非以其所好籠之而可得者，無有也」云云。墨筆眉批：「文好。」

「夫復謵不餽而忘人。」墨筆眉批：「『復謵不餽』如何解？若愧字便易易。」又硃筆眉批：「説文：謵，秦入切。言謵讋也。不知如何解。『讋』字下曰失氣。言一日不止也。」墨筆尾批：「謵，篇韻，尺涉切，小語也。」

呂注：「而不能忘人之所不能不愧。」墨筆旁批：「累帳。」

徐無鬼第二十四

墨筆旁批：「共三千四百卅九字。」

「君將黜嗜欲，掔牽好惡。」墨筆眉批：「掔，牽。」

「武侯超然不對。」硃筆眉批：「超然猶悵然。」

「執飽而止，是狸德也。」墨筆眉批：「狸德。」

「徐無鬼曰：吾直告之吾相狗馬耳。」墨筆眉批：「如此，則武侯尚可與言道乎？」

「聞人足音跫然而喜矣。」墨筆眉批：「跫然。」

注：「掔，爾雅：固也。」墨筆眉批：「掔，固也。」

「夫神者，不自許也。」墨筆眉批：「神者不自許也。」

「形固造形，成固有伐，變固外戰。」硃筆眉批：「『形固造形』三句，雖粗語，而形容事理殊至。」

「君亦必無盛鶴列於麗譙之間，無徒驥於錙壇之宮。」墨筆眉批：「鶴列。麗譙。錙壇。錙字不解。」

郭注：「鶴列，陳兵也。」墨筆眉批：「鶴列，陳兵。」

「予適有瞀病。」墨筆眉批：「瞀病。」

「黄帝再拜稽首，稱天師而退。」墨筆眉批：「天師。」

「知士無思慮之變則不樂。」墨筆眉批：「傅山曰：十八九品馳其形性之夫，而聖人遇之，則得官人安民之道。」

「此皆順比於歲，不物于易者也。」硃筆眉批：「傅山曰：『易』如易簡之易。居易之易，而變易之易在其中矣。」

「馳其形性，潛之萬物。」墨筆眉批：「形性。」

循本：「貴際，以交際爲重也。」墨筆眉批：「可笑！」

通義：「順比於時者，十又五。」墨筆眉批：「若以勢物之徒計之，則十有六。」

通義：「不物于易，不爲物之能變者也。」硃筆眉批：「解得費力。」

「莊子曰：射者非前期而中，謂之善射，天下皆羿也，可乎？」墨筆旁批：「齊物論之謊，丢出來了。」

「天下非有公是也，而各是其所是。」硃筆眉批：「彼亦一是非，者亦一是非之論，何如？」

「天下皆堯，可乎？」硃筆眉批：「天下皆堯。」

「然則儒、墨、楊、秉四。」「秉」字旁墨筆批：「公孫龍。」

「與夫子爲五，果孰是邪？」硃筆旁批：「惠施斷不肯讓人以是者。」

「或者如魯遽者邪？」墨筆眉批：「魯遽。」

「音律同矣。夫或改調一弦，於五音無當也。鼓之，二十五弦皆動。」墨筆旁批：「未有響而離五音者，無當，或謂不專之一音。雜而響之，又帶宮，又帶口矣。」又墨筆眉批：「此一弦，必竟是二十五弦中之最尊而兼備宮、商、徵、羽者。不然，何能使二十五弦皆動也？于五音無當者，言其不單主一音也邪？不然極難解。今世瑟學響絕矣，想古瑟弦中，有此一法，而而後來竟不知耳耶！」又墨筆旁批：「文極明白，而義有難通。」又墨筆旁批：「瑟共二十五弦耳。此云改調一弦，而下云二十五弦皆動，是二十五弦之外，又多一弦矣。」又「動」字旁硃筆批「改。」

「未始異於聲，而音之君已，且若是者耶。」墨筆旁批：「此似謂與衆無異而自以爲音之最尊，猶言獨是其是也。」

「而未始吾非也。」硃筆旁批：「此是四家都不能勝施。」

「齊人蹢子於宋者。」墨筆旁批：「此一句事義原難解。『蹢』字不曾訓得明白耳。」

「夫楚人寄而蹢閽者，夜半於無人之時而與舟人鬬。」硃筆旁批：「蹢閽者謂以蹢而爲閽。」又硃筆尾批：「蹢卽是爲閽者，似傷其足，使不良于行，使之宋爲閽者。蹢之口不定矣。」

「未始離於岑而足以造於怨也。」墨筆旁批：「讀此等句，知黃老之學，遠怨抽身之道。」

郭注：「未始吾非者，各自是也。」墨筆眉批：「未始吾非，似謂四家不能非我也。」

循本：「如唐曹紹夔知樂律。洛陽有僧，房中磬日夜自鳴。」硃筆眉批：「曹紹夔。」

循本：「此磬與鐘律合，故擊彼此應。」硃筆旁批：「又與日夜自鳴左。」

循本：「別改調一弦，於吾音無所主，而鼓之，二十五皆動。」墨筆旁批：「解不來。」墨筆眉批：「未有有音而不合五音者，則彼絃之合乎音者絕不應。」

循本：「乃是爲衆音之主，故鼓之而衆弦莫不聽命耳。」墨筆旁批：「此說有義，而無的確可考之學。」

循本：「宫爲君，故能役他律。」墨筆旁批：「硬添注脚，本文本不謂宫之君音也。」

循本：「唐子者，當塗給使令之人。」硃筆根批：「與文義倍。」

循本：「其求唐子也」云云。墨筆眉批：「循本自欺以爲解，使之自復其説，則必不能爲詞。」

「郢人堊漫其鼻端若蠅翼，使匠石斲之」云云。硃筆眉批：「今人輒用郢斤事，實王斤匠底，非郢人底。」

「管仲有病，桓公問之」云云。墨筆眉批：「如此話，莊子亦援之耶！」

「有一狙焉，委蛇攫搔，見巧手王。」墨筆尾批：「搔。」

「王顧謂其友顔不疑曰」云云。墨筆眉批：「吳王友顔不疑亦可謂賢矣。而又怨其以色驕人，顔不疑亦危乎哉！」

「我必先之，彼故知之。我必賣之，彼故鬻之」云云。墨筆眉批：「賣。鬻。牛頭見四祖一案。」

「市南宜僚弄丸而兩家之難解。」墨筆眉批：「宜僚弄丸。」

「郢人投兵，丘願有喙三尺。」墨筆眉批：「三尺喙。」

「夫爲大不足以爲大。」墨筆眉批：「老子不爲大。」

「不以物易己也。」硃筆旁批：「即前不物于易。」

「盡於酒肉，入於鼻口矣，而何足以知其所自來！」墨筆眉批：「『盡于』九字，文法雖平，卻難體會。其幻惑處，正在上一『於』字上。」墨筆旁批：「同以酒肉入鼻口，而不知所自來。」

「適當渠公之街。」硃筆旁批：「賣即賣到此街。」又墨筆眉批：「渠公之街。」

注：「齊富室爲街正，買梱自代。」硃筆尾批：「何見是買梱自代？」

「且假夫禽貪者器」。墨筆眉批：「禽貪者器。」

「譬之猶一覕也。」硃筆眉批：「覕，說文：蔽，不相見也。」

「所謂暖姝者，學一先生之言，則暖暖姝姝而私自說也。」硃筆眉批：「暖暖姝姝，似靈樞所謂少陽之人。」

「是以神人惡衆至」云云。墨筆眉批：「神人惡衆生，直至末，是承『羶行』兩字來，而注皆妄衍成章。又似注之者原未了了，而因本文及此，不可不一及，模糊匆邮而過，以了注此一條之局耳。可笑！」又墨筆旁批：「仍是庚倉意。」

「以目視目，以耳聽耳，以心復心。」墨筆旁批：「唯老夫極得此意。」又墨筆根批：「天下之人之耳目心不同，只以他目之所見者，不他目；以他之耳所聽者，不他耳，是之謂以其目耳視聽其目耳，於心亦然。」

郭注：「明舜之所以有天下，蓋出於不得已。」墨筆眉批：「明白說舜爲卷婁，而注反謂爲不得已。」

呂注：「雖知堯舜，乃神人之所惡，故不與之比，則彼不利而至矣。」墨筆眉批：「『神人之所惡，故不與之比』，語氣未能自了，須是反到許由逃堯上始得。」墨筆旁批：「若必如此解，是許由不屑與堯爲比，故逃而去之，則天下之人無所利於許由而不來麻纏矣。」

呂注：「舜亦悅而順之」云云。墨筆旁批：「又麻煩。」

管見：「立言甚奇當，先蟻，次羊，後魚，不爲羶之所化。」墨筆眉批：「既爾矣，又何必先蟻，次羊，後魚也？」

「得之也生，失之也死；得之也死，失之也生。」硃筆眉批：「文好。」又墨筆眉批：「得之也死，失之也生，精而大道，外而忠孝之事，皆是。」

「請只風與日相與守河。」硃筆眉批：「『請只』何説？」

「故水之守土也審，影之守人也審，物之守物也審，故目之於明也殆。」墨筆眉批：「一連四個『故』字。」

「其反也緣功。」墨筆旁批：「斷章可以言道。」

「故有亡國戮民無已。」墨筆眉批：「又一『故』字。」

呂注：「以天待之，則無爲而應感」云云。硃筆眉批：「也成個話説。」

循本：「言不好則甚速也」，「言好則甚難也」。硃筆眉批：「也好刻鏤。」

新傳：「禍之始生也，伏於福以順其功」，「故曰其反也緣功。」墨筆眉批：「如此解『反』字，謂本是禍胎，而眼前且見爲反禍之福，結果終來是禍云耳。」

「足之於地也踐，雖踐，恃其所不蹍而後善博也。」墨筆旁批：「往往妙諦源源來。」

「知大一，知大陰。」墨筆眉批：「突説一個『大陰』何也？陰符之妙。」

「冥有樞」。墨筆旁批：「陰。」「始有彼」。墨筆旁批：「陰。」

「頡滑有實，古今不代，而不可以虧。」墨筆眉批：「頡滑有實，古今不代，而不可以虧三句，不是漫語，確有所指，且看是個甚麽。」

「則可不謂有大揚搉乎！」墨筆眉批：「揚搉。」

「以不惑解惑，復於不惑，是尚大不惑。」墨筆眉批：「惑不可解，以不惑解惑，謂解不惑者又惑也，想要因此而使之復于不惑之地，枝節愈多，日與不解不知之妙遠矣，是之謂大惑耳。如此還想大不惑耶？益惑矣！」又墨筆眉批：「解惑數句，只郭注是。」

呂注：「物負陰而抱陽，所以係而不能解，不知有至陰之原故也。」硃筆眉批：「以經解經，大合。」

則陽第二十五

墨筆旁批：「共二千五百三十三字。」

「則陽遊於楚。」墨筆眉批：「『則陽』至『其室虛矣』似一氣，可作一章讀。又墨筆旁批：「則陽只是個舍靈龜而觀朶頤之人。」

「無德而有知，不自許以之神其交。」墨筆眉批：「『無德有知』三句，寫近代瞎熱鬧人，活跳瞎搗情懷。」又墨筆旁批：「只是個狗人底。」

「非夫佞人正德，其孰能撓焉！」墨筆旁批：「此是『人間世』中語意耶，不然極難解。」又墨筆旁批：「作彼且爲我，我亦與之爲之意，則佞人似矣，然彼非佞人可擬。」墨筆眉批：「『佞人正德』四字，當作一意看，是都說向不好一邊底，如呂、循兩注，皆分貼看，則大昧本文旨矣。佞與正，豈能兩存？且楚王之爲人如彼，又似非正人所能勝。若果是佞人，屬夷節一邊，夷節之言，既已不能用矣。不然，卽當屬公閱休，休豈佞者哉！則『正德』兩字，公閱休之所不屑者，況佞乎？不然則『佞人』一讀，『正德』連下讀作一句，言苟非佞人爲之詭遇，而正德之人，焉肯屈所守，而與之偕也？然又礙于夷節之爲佞人，不得于楚王矣。若把佞人看作正德裏邊，猶言和光同塵之人，而其實矯矯于中，有不隨波逐流者，是所謂『佞人正德』，言其似佞而正德也，于文義乃通。

然佞字必不可通融得去作好字看也。」

「故聖人其窮也，使家人忘其貧。」墨筆根批：「『聖人其窮也』兩句，是掃興則陽求見楚王□□□忘□，楚王又不是忘□能使之□卑。」

呂注：「佞人，夷節。正德，閱休也。」墨筆旁批：「如此，則夷節之言何爲不用？」

循本：「喻楚王雖沈酣於利欲之中，得人誘掖之，亦易從也。」墨筆旁批：「亦不解。」

方子及：「凍者必假衣」云云。墨筆尾批：「凍者欲待春暍者，須待風，只是概說個機緣，要如此引起要撓楚王須待公閱休耳。」

「聖人達綢繆，周盡一體矣，而不知其然，性也。」墨筆眉批：「承上節來，則陽是急于自鑑自明者也。」墨筆旁批：「盡性，盡人物之性。」

「以天爲師，人則從而命之也，憂乎知。」墨筆旁批：「爲聖人。」墨筆眉批：「知。」

「生而美者，人與之鑑，不告則不知其美於人也。」墨筆眉批：「『人與之鑑』、『人與之名』兩句，互看文義來，則鑑不必輒說成是鏡子之鑑，但說人爲之看他，而人爲之稱他，他都不知道他美，他愛人。似有些枝節，而明白直截，較郭解不羅娑。是，是。」

郭注：「鑑物無私，故人美之」云云。墨筆眉批：「解著意在『鑑』上，失本文義，難爲下『名』字是空底了！」又墨筆旁批：「本文婉轉而來，是說美者，不是說『鑑』。」

郭注：「若人不相告，則莫知其美於人。」墨筆旁批：「此句如何承接尊意？」

呂注：「生而美者，人與之鑑而告之，而後知其美於人。」墨筆眉批：「『人與之鑑』兩句，又不着意。」

「舊國舊都，望之暢然」云云。硃筆眉批：「文好。」硃筆旁批：「外篇中奇奥之文。」

「況見見聞聞者也。」墨筆眉批：「見見聞聞，從上文『鑑』字、『名』字暗度來。」墨筆旁批：「楞嚴。」

「以十仞之臺，縣衆問者也。」墨筆旁批：「此句接『見見聞聞』來，極易曉，人亂枝節。」

「冉相氏得其環中以隨成」云云。墨筆眉批：「路史循蜚紀冉相氏，即全録此數句。」

「與物無始無終，無幾無時。」墨筆旁批：「此句自上文『所行恆無幾，時其有止也』來。」

「日與物化者，一不化者也。」墨筆旁批：「知北遊篇有此句。」又「一不化者也」旁墨筆批：「大德敦化。」又墨筆眉批：「此不化是説好底，文義似齊物論中『形化，心與俱化，人謂之不死，奚益』之化。」

「闔嘗舍之。」墨筆旁批：「四字自『得其環中』來。」又墨筆根批：「舍如『舍爾靈龜』之舍。」

「夫師天而不得師天，與物皆殉。」墨筆旁批：「承上『以天爲師』來。」

「未始有始，未始有物」云云。墨筆眉批：「與物化者。」

「湯得其司御門尹登恆，爲之傅之。」墨筆眉批：「湯與仲尼，皆莊生所薄不屑者，而此處似反其常所語，何也？」又墨筆眉批：「不反，不反。注都順文看去，不曾諷詠耳。朱衣有説。」又墨筆旁批：「且莫説得天師者，即一湯，得其人而師之，人立其法，而我有餘名，死之久矣。而仲尼之徒删書，不去其事，其後幾乎以之爲法。唯恐死湯之名不成也，又盡慮爲之傳也。」

「除日無歲，無内無外。」墨筆旁批：「天下固有日計有餘，歲計不足，然亦有歲計有餘，日計不足者矣。是何物，是何物？」又墨筆旁批：「湯似乎有歲者也，而幾于無日。」又墨筆眉批：「『除日無歲』，即是有長而無本標之宙之義。參同周易，是天行之健不息者也，有環中之微焉。性之必滅，禪門有日、月、燈之喻，此『日』亦然。非聖人者，皆知計歲以責功，不知歲在日裏，粗以道家久視之説言之。舍此不息之陽氣，又安有所謂長生者哉！」墨筆尾批：「此節大轇轕，廢解，然卻遠。」墨筆根批：「『除日』二句見□□之實際。」

郭注：「得舊猶暢然，況得性乎！」墨筆旁批：「注失本句，況字義！」

郭注：「天下何思何慮，慮已盡矣。」墨筆旁批：「不知如何看本文來。」

呂注：「與物化者，一不化，則胡爲而不舍之？」硃筆眉批：「又把『一不化』説是不好底，要連下四字讀。」

呂注：「見其名之所由生，則知法之所由成。」墨筆眉批：「費了多少牽强，而不得其竅。」

疑獨：「夫高臺懸危，習而登之，亦如閒暇。」硃筆旁批：「非本文意。」

疑獨：「至仲尼之時，天下之變備，故盡慮以制成法，是又爲湯之傅也。」墨筆眉批：「傅字如傅會之之傅固可，即作傅字亦好。」墨筆尾批：「語義近矣而未盡。」

循本：「歲之所以得名爲歲者，以三百六十日積而名之。若除去日，則無歲矣。」硃筆眉批：「把『日』字比差了。」又墨筆眉批：「可笑，可笑！」

「惠子聞之而見戴晉人。」墨筆眉批：「『見』字當讀『見其二子』之見。」

注：「劍環頭，小孔也。」硃筆眉批：「環頭那得小孔？」

郭注：「蝸至微而有兩通」云云。硃筆眉批：「此條都不必解。」

「其隣有夫妻臣妾登極者。」墨筆眉批：「登極。」

「是陸沈者也，是其市南宜僚邪？」墨筆眉批：「陸沈。宜僚。」

「彼知丘之著於己也，知丘之適楚也，以丘爲必使楚王之召己矣，彼且以丘爲佞人也？」墨筆旁批：「一連四『也』字。」

「且以丘爲佞人也？」墨筆眉批：「又似從夷節之爲佞人來。」

郭注：「共志無窮，規長生也」云云。硃筆眉批：「都不用注。」

「長梧封人問子牢曰」云云。墨筆眉批：「『長梧封人』節與『柏矩』節口氣可作一章，以其有『爲上者』之類語焉。」

「滅其情，亡其神。」硃筆眉批：「情不可滅耶！要知此情是道情，非情欲之情。情欲之情卽是下文欲惡之孽矣。」

「始萌以扶吾形。」墨筆旁批：「微哉！請彼家者靜參之。」

呂注：「内之欲惡爲萑葦，外之兼葭扶吾形。」硃筆眉批：「萑葦兼葭如何分内外？」

楊用修：「鹵，剛鹵之地也。」「所謂强土而弱之也」云云。硃筆眉批：「解得曲盡。」

「柏矩學於老聃。」硃筆眉批：「柏矩。」

「匿爲物而愚不識。」墨筆旁批：「一味欺誑而愚人以不識。」

「大爲難而罪不敢。」墨筆旁批：「本義似在上者大爲非道，而罪不勇敢之人，如戰爭殺戮是也。」墨筆眉批：「大爲難而罪不敢，似謂大姦作難，而所得以罰戮之者，卻是一種不敢之人，猶其上下之相匿也。」

「蘧伯玉行年六十而六十化。」墨筆眉批：「『蘧伯玉』至次節『何足以識之』，似一章。」墨筆眉批：「化。」

「人皆尊其知之所知。」墨筆眉批：「知。」

「且無所逃」。墨筆旁批：「是無所逃甚麼？」

「仲尼問於太史大弢、伯常騫、狶韋曰」云云。墨筆眉批：「說苑辨物篇：伯常騫知地動。」

「是因是也。」墨筆旁批：「不勤成名。」

「夫靈公有妻三人，同濫而浴，史鰌奉御而進」云云。墨筆眉批：「男女共浴之時，史鰌安得至所？自是兩事，以見其一漫一恭耳。似乎亂而不損德之精明者然也。」

「是其所以爲靈公也。」墨筆旁批：「亂而不損。」

郭注：「子謂蒯聵言不憑其子，靈公將奪汝處也。」墨筆眉批：「若子謂聵，與下句何以承接？然要就靈公上說，不凴亦可得去，只是中間要添『遇』字轉折耳。」又墨筆旁批：「如此，要沾個『之』字始得。」墨筆於「靈」字上加一「之」字。

方思善：「謚法：亂而不損曰靈。」墨筆眉批：「謚法又有『不勤成名曰靈』、『好祭思神曰靈』。」

「少知問於太公調曰」云云。墨筆眉批：「『少知』至次節爲一章。」

「何謂丘里之言？」墨筆旁批：「四井爲邑，四邑爲丘。丘十六井。五家爲隣，五隣爲里，里二十五家。又風俗通：五家爲軌，十軌爲里。」又墨筆眉批：「知。」

「今指馬之百體而不得馬，而馬係於前者，立其百體而謂之馬也。」墨筆眉批：「象王經羣書揣象之義。老子：致數輿無輿。」

「文武大人不賜。」「文武」下墨筆旁批：「殊功。」

「萬物殊理，道不私，故無名。」墨筆眉批：「理。」

「無名故無爲，無爲而無不爲。」墨筆眉批：「無爲而無不爲。」

「乃將得比哉。」墨筆旁批：「得與無名比哉？」

郭注：「自外入者，大人之化；由中出者，民物之性。」墨筆旁批：「不必如此分貼。」

管見：「故自外入者，學也。」「由中出者，思也。」墨筆眉批：「學、思二義可。」

管見：「所以至人之道，行乎無名，故天下莫得而名也。」墨筆眉批：「此等話説不了。」

「欲惡去就於是橋起。」墨筆眉批：「『橋』字是憑空架起之意。」

「雌雄片合於是庸有。」硃筆旁批：「『有』字可以不句，連下讀得。」

「季眞之莫爲」。墨筆旁批：「自然。」「接子之或使」。墨筆旁批：「因緣。」又墨筆眉批：「又生出『莫爲』、『或使』兩枝節。」

「或之使，莫之爲。」墨筆眉批：「『莫之爲』耶，又似乎有個使之然者；『或之使』邪，又不知其誰所爲者。」

「未免於物，而終以爲過。」墨筆旁批：「非因緣，非自然。」

「死生非遠也，理不可覩。」墨筆眉批：「理。」

「言之無也，與物同理。」墨筆眉批：「理。」

「道不可有，有不可無。」墨筆眉批：「『道不可有，有不可無』二句妙，卽忽恍之象，渺冥之精。」

「議其有極。」硃筆尾批：「議其有極耶？無極也。」

呂注：「少知聞謂之道則已有，而不得與道比，故疑於無物。」墨筆眉批：「解得承接分明。」

管見總論：墨筆眉批：「總論原是混賬話説，而此猶沒把柄而扯淡！」

外物第二十六

墨筆旁批：「共一千五百一十六。」

「則天地大絯。」墨筆眉批：「絯，掛也。」又批：「前篇有『方且爲物絯』。」

郭注：「所希跂者，高而闊也。」墨筆眉批：「奴人。」

郭注：「大而黯則不累，小而明則知分也。」墨筆旁批：「者又是象底説話，與本文何干？」

「於是乎有僨然而道盡。」郭注：「唯僨然無矜，遺形自得，道乃盡也。」墨筆眉批：「如此解『僨然』句，連『于是乎』文法亦不曾洞然耳。郭象瞎奴！」

疑獨：墨筆眉批：「絯字齊不解。」

循本：「天理之微，不足以當人欲之熾，於是斯道僨然而喪。」墨筆旁批：「是。」

洪邁：「予妄意莊子之旨，謂人心如日，湛然虚靜，而爲利害所薄，生火熾然，以焚其和，則月不能勝之矣。非論其明闇也。」硃筆眉批：「是。」

「儒以詩禮發冢」云云，墨筆眉批：「説得教人笑殺。大才人，大道人。」

「夫不忍一世之傷，而驁萬世之患。」硃筆旁批：「一世之傷誠難忍！」

「惠以歡爲驁。」硃筆旁批：「此句解都不肖。」墨筆眉批：「惠以歡爲驁。惠之以歡也，猶言驩虞如也，使民喜也。」

郭注：「則民性不寠而皆自有，略無不及之事也。」硃筆眉批：「迂。」又墨筆眉批：「文法本不爾。」

呂注：「豈富有之業固窶耶？」墨筆眉批：「何必又沾出個『富有之業』？」

循本：「抑，轉語。」墨筆眉批：「是。」

「魚不畏網而畏鵜鶘。」硃筆眉批：「鵜鶘。」

「嬰兒生無石師。」「石」字旁硃筆批：「碩。」

「然則厠足而墊之致黃泉，人尚有用乎？」墨筆眉批：「傅山曰：『用』妙于有餘地。循竿緣繩之戲，逕能于不能容足之地而弄之有餘，然危矣！豈其近於純氣之守邪？究之，亦有餘地之妙。其餘在足，不在竿、繩。其所用者，在繩、在竿，是以竿繩爲足，而足之餘于竿繩者爲無用之地。」

郭注：「聖應其内，當事而發」云云。墨筆尾批：「不知説甚！」

「夫流遁之志，決絶之行」云云。墨筆眉批：「傅山曰：流遁似莫，決絶似適，大抵此段有『君子之于天下也』之意。」

「雖相與爲君臣，時也。易世而無以相賤。」墨筆旁批：「妙語。也淺也深。」墨筆眉批：「要認其中是個甚麽。」

「順人而不失己，彼教不學，承意不彼。」墨筆旁批：「此中委曲，無可奈何。」「彼教不學」旁墨筆批：「似遊而不僻。」「承意不彼」旁墨筆批：「似順而不失己。」又墨筆根批：「『彼教』二句，只是『不彼』兩字。」墨筆眉批：「又似乎謂彼之所謂教者，我不學。然『承其意而亦不彼』，明是解上文『遊而不僻』、『順而不失』兩句。」墨筆尾批：「傅山曰：彼之教，我不學，所以不失己。然『承其意而不彼』、『所以能遊』四句互相發明。四句大概與『義而不明，若不足而不承』意同。」

呂注：「則雖相與爲君臣」。墨筆旁批：「此處尚承接不來。」

呂注：「因於彼而教之，非學也。」墨筆眉批：「如郭、呂解『彼教不學』，則似教彼非學。」

副墨：「言彼所謂世教者，雖不屑焉學之，然亦承其意而不彼。」墨筆眉批：「是。」

副墨：「世出世法，原非兩件，有所揀擇去取，則非遊於世而不僻。」墨筆旁批：「到底去不得。」

管見：「二者俱失，急思所以爲謀」云云。硃筆旁批：「不用如此承接。」

副墨：「今之存焉者寡，則生息微妙而不盛。」墨筆眉批：「『殷』字解作『盛』，極確。」

「靜然可以補病，眥㓕可以休老。」墨筆眉批：「嚴君平道德指歸曰：靜與然反。」

筆乘：「老形之兆，發於目眥，披㓕皺紋，可以沐浴老容。」墨筆尾批：「此固是方士脩形之說，於此『休老』之義何干？」

卷六十九　莊子翼批注（五）

第四册封面墨筆批：「寓言，無理字。讓王，無理字。盗跖，二理字：不順于理；從天之理。說劍，無理字。漁父，天之理也；理好惡之情；其用于人理也。列禦寇，無理字。天下，四理字：民之理也；析萬物之理；至死人之理；其理不竭。聖人以必不必，故無兵；衆人以不必必，故多兵。『彼宜汝與，予頤與？』誤而可笑。商賈弗齒，雖以事齒之，神者不齒。列禦寇。列禦寇篇『心有睫』句最妙。大命、小命，列禦寇。觳，天下篇。

第四册扉頁墨筆批：

寓言：（殘）

讓王：堯。許由。子州支父。子州支伯。善卷。石戶之農。亶父。王子搜患。子華子。昭僖侯。魯君。顏闔。列子。鄭子陽。楚昭王。屠羊悦。司馬子綦。原憲。子貢。曾子。孔子。顏回。中山公子牟。瞻子。許由。共伯。北人無擇。卞隨。務光。伊尹。伯夷。叔齊。

盗跖：孔子。柳下季。盗跖。顏回。子貢。子張。滿苟得。無足。知和。

說劍。

漁父。

列禦寇：列禦寇。伯昏瞀人。鄭人緩。翟。朱泙漫。支離益。宋人曹商。魯哀公。顏闔。正考父。

天下：墨翟。禽滑釐。相里勤。苦獲。已齒。鄧陵子。巨子。宋鈃。尹文。彭蒙。田駢。慎到。關尹。老聃。莊生。惠施。桓團。公孫龍。黄繚。

寓言第二十七

墨筆旁批：「共九百三十字。」又墨筆旁批：「以不同形相禪，始卒若環，莫得其倫，可以得文章之妙。」

「非吾罪也，人之罪也。」墨筆旁批：「二句如何解？」

「而無經緯本末以期年耆者。」墨筆旁批：「長豈得挾？」

「以不同形相禪，始卒若環。」墨筆眉批：「此事誰解？」

郭注：「言出於己，俗多不受，若借外耳。」墨筆眉批：「此直以寓言到異己爲非之一段。」

郭注：「同則應。不同則反，互相非也」云云。墨筆眉批：「逐句下炤，當句斷解猶可，若通讀之，不知説甚。」

呂注：「寓言十九，則非寓而言者十一。」墨筆旁批：「初看不知説甚，想來有個見解。」

呂注：「同己則應而爲是。」墨筆眉批：「以『同於己』數句義屬重言，理得。」

「莊子謂惠子曰：孔子行年六十而六十化。」墨筆眉批：「行年六十而六十化。」

「而好惡是非，直服人之口而已矣。」「服」字旁墨筆批：「如郭注此字，竟作『用』字看。」

「而不敢蘁立」云云。墨筆旁批：「孔子之言，不知當于何耳。」

郭注：「謂孔子勤志服膺而後知。」墨筆眉批：「何待又添個『服膺而後知』？只是對『勤志』兩字言，猶云勤者其志服役其知耳。」

郭注：「好惡是非，義利之陳，未始出吾口也。」墨筆旁批：「逕不用本文義，又紐了一遭。」

墨筆眉批：如此解來亦好，然則『已乎已乎』，又似莊子贊歎孔子之妙耳。」

循本：「但能服人之口而已」云云。墨筆眉批：「如此解，『但服人之口而已』句斷，『使人以心服』，又從起義。」

循本：「至於使人心服」云云。墨筆旁批：「又作兩截看。」

循本：「已乎以下，皆孔子之言。」墨筆於「已乎」上，加「自孔子曰至」五字。

「若參者，可謂無所縣其罪乎？」墨筆眉批：「只是他心上有個『祿』在，因有厚薄在。若道人之養，全不在他祿上。」

「生有爲死也。」墨筆眉批：「生有爲死也。愚謂：生有是生，而諸所有爲者，爲死也。是不想死處，常常有之也。下文是：死也者，以有爲自也；生陽者，以無爲自也。」

「勸公，以其死也」云云。墨筆眉批：「勸公只要無爲。」墨筆旁批：「公是要無爲耳。死之故，以其有我也；生之陽，卽一陽初動處，此中原無我也。」又墨筆眉批：「以其死由有爲，如『私』與『公』字對。若論道理，則『自』字便是大病，『自』字卽是『己』字、『我』字。如此說去，亦得。」

呂注：「原始要終，故知生死之說」云云。墨筆眉批：「逕自添設作解，正須大費反復。」

呂注：「而不可謂之有待，況以有待者乎！」墨筆眉批：「如此說甚？」

呂注：「知影之無待。」墨筆旁批：「文義卻不爾。」

循本：「如叟之與叟也」云云。墨筆眉批：「叟叟之解，自謂有理，其實可笑。」

「陽子居」云云，注：「陽姓名戎。」墨筆眉批：「楊戎。」

讓王第二十八

墨筆旁批：「共二千七百零四字。」

「苴布之衣而自飯牛。」墨筆眉批：「飯牛。」

「先生不受，豈不命邪！」墨筆眉批：「命。」

「王曰：見之。」墨筆眉批：「『見之』何解？」

「不能自勝則從，神無惡乎？」墨筆眉批：「呂覽引之。」

「故許由娱於潁陽，而共伯得乎丘首。」墨筆旁批：「此二句重見。」又墨筆眉批：「共伯得乎首丘。」

司馬彪：「共伯，名和。」墨筆眉批：「共和。」「諸侯皆請以爲天子。」墨筆旁批：「如何作得！」

「湯遂與伊尹謀伐桀，尅之，以讓卞隨。」墨筆眉批：「卞隨。」

「乃自投椆水而死。」墨筆眉批：「椆。」

盗跖第二十九

墨筆旁批：「共三千九十零三字。」

「養其壽命者，皆非通首者也。」墨筆眉批：「命。」

「子張問於滿苟得曰」云云。墨筆眉批：「滿苟得。」

「不順於理，不監於道。」墨筆眉批：「理。」
「從天之理」。墨筆眉批：「理。」
「鮑子立乾勝子不自理。」墨筆眉批：「勝子。」
「堯舜爲帝而雍，非仁天下也。」墨筆眉批：「爲帝而雍。」
「平爲福，有餘爲害。」墨筆眉批：「平爲福。」

說劍第三十

墨筆旁批：「共八百六十八字。」
「今日試使士敦劍。」墨筆眉批：「敦劍。敦字何解？」又硃筆眉批：「敦終如山海經敦于海之敦。」

漁父第三十一

墨筆旁批：「共一千一百四十三字。」
「竊待於下風」。墨筆眉批：「下待。」
「同聲相應，固天之理也。」墨筆眉批：「理。」
「非事而事之謂之總，莫之顧而進之謂之佞，希意道言謂之諂，不擇是非而言謂之諛，好言人之惡謂之讒，析交離親謂之賊。」墨筆眉批：「總。佞。諂。諛。讒。賊。」
「以敗惡人。」硃筆眉批：「敗字不通。翻譯名義引此作『販』。」

「稱譽詐僞，以敗惡人，謂之慝」云云。墨筆眉批：「慝。險。貪。狠。矜。」

「理好惡之情」。墨筆眉批：「理。」

「是所以貴眞也。」墨筆眉批：「貴眞。」

「其用於人理也」云云。墨筆眉批：「理。」

「敢問舍所在，請因受業而卒學大道。」墨筆眉批：「請因受業而卒學大道。」

「不聞拏音，而後敢乘。」墨筆眉批：「拏音。」

列禦寇第三十二

墨筆旁批：「共一千五百九十二字。」又墨筆旁批：「奴人只想要到處教人認得他，敬他，譽他，眞正齷齪。讀列禦寇一則，與陽子居一則同義。」

「吾嘗食於十餐，而五餐先饋。」硃筆旁批：「卽此十五，畢竟當如何解？」

「使人輕乎貴老，而整其所患。」墨筆眉批：「以老子解之，大患在有身爾。整如虀菜之虀，謂滋味也。謂以滋味奉承我之身，是未能外身之患。」

「莫覺莫悟，何相孰也？」墨筆眉批：「『莫覺莫悟何相孰』，謂内誠旣解之人耳。不異于人，人與之不知不覺，那裏又來稱盤精度，說者個是個誰也。」

「食而遨遊。」「食」之上，硃筆旁批：「飽。」

呂注：「孰言其熏蒸而至於成。」墨筆眉批：「此解『孰』爲生孰之孰。」

「自是，有德者以不知也。」墨筆眉批：「『自是』兩字是病。」

郭注：「積習之功爲報。」墨筆眉批：「『積習之功爲報』亦是亦非。」

循本：「且以造物之報爲不可知」云云。墨筆眉批：「如此解，有知字必于帖『造物之報』上，亦不必。」

陸德明：「穿井者，謂已有造泉之功。」墨筆眉批：「此文小異。」

「三年技成，而無所用其功。」墨筆尾批：「此正可以爲鄭緩自有其功之對。」

郭注：「事在於適，無貴遠功。」墨筆眉批：「此是説屠龍之技無用也。郭子單醒得這些些耳。」

呂注：「龍之爲物，其變化有似乎聖知。」墨筆尾批：「此是説屠龍空有□而無用乎技也。」

「聖人以必不必，故無兵。」墨筆眉批：「『以必不必』者，不必其必也。以不必必之者，必其不必也。」墨筆尾批：「必不必，卽知不知上。不必必之，卽不知知病。」

新傳。墨筆尾批：「此傳何新？」

筆乘：「兵非戈矛之謂。」墨筆眉批：「呂覽言兵盡致。」「非」字旁墨筆批：「不必輒。」

「而欲兼濟道物，太一形虛。」硃筆眉批：「八字卻是難。」

循本：「猶言極均平之耳。」墨筆眉批：「此猶俗人自居知慧，又要周旋人事，又要高談性命，自欺欺人。謂內外不相妨，而一切鑽營齷齪，敢自任爲權實體用者也？」墨筆尾批：「猶言極均平之耳，正復不能盡其前理。」

「宋人有曹商者」云云。墨筆眉批：「曹商。」

「舐痔者得車五乘。」墨筆眉批：「舐痔。」

「魯哀公問於顔闔曰」云云。墨筆眉批：「顔闔非尼聖。」

「忍性以視民，而不知不信，受乎心，宰其神。」墨筆眉批：「『不知不信』之『不知』，似非與『不信』對言者。如曰：不知又不信也。似謂忍性視民，民爲所愚，皆以爲眞實，而孰知其爲詐也？」墨筆旁批：「受宰皆指民之心神說，猶言其心受了他底物引導，便把個神來爲他把持，不得復任自然。」

「施於人而不忘，非天布也，商賈不齒。」墨筆旁批：「『商賈弗齒』連上讀，似謂施而不忘者，雖商賈亦弗齒，然商賈惡能爲施而忘之之事？但極其施而不忘者，非聖人之事，故進商賈一等，以形其忍性視民之弊耳！」

郭注：「彼與女各自有所宜，相效則失眞。」墨筆眉批：「語自有理，于本文之法，卻左而未通。」墨筆尾批：「彼宜汝與，句。予頤與，句。謂彼百姓將以汝所教令者爲相宜邪？抑渠要自己頤養而順適耶？誤而可矣。誤差在以『予頤者』與『宜汝者』互換過，斯可矣。其義謂忍性以視民者，必以汝之教民者爲是，以民之自頤者爲誤。若顛倒之，則可耳。」

呂注：「則彼仲尼能宜汝與，抑予自頤養與？」墨筆眉批：「老呂說不來了。」

循本：「頤猶頤指。」墨筆眉批：「頤作頤指，蛇足。」

「凡人心險於山川，難於知天。」硃筆眉批：「此等文字，發自莊生之口，豈不淺俗？」

「故有貌愿而益。」墨筆眉批：「愿與益反。」

「故其就義若渴者，其去義若熱。」墨筆旁批：「是！」

「一命而呂鉅，再命而於車上儛。」墨筆眉批：「呂鉅，注都不及，何也？」又墨筆旁批：「呂，脊骨也。鉅，大也。謂一命而氣粗，挺起脊梁，而粧大擺，如俗謂『支駕』事也。」

「三命而名諸父，孰協唐許？」墨筆眉批：「唐許。」

「賊莫大乎德有心而心有睫。」墨筆眉批：「心有睫。」
「及其有睫也而內視。」硃筆尾批：「內視亦是道書反視之名，而在此則別。」
「中德也者，有以自好也，而吡其所不爲者也。」墨筆眉批：「『中德』兩好字，在此逕爲凶德。」
「達大命者隨，達小命者遭。」墨筆眉批：「大命。小命。」
「莊子曰：河上有家貧恃緯蕭而食者。」墨筆眉批：「緯蕭。」
「夫千金之珠，必在九重之淵，而驪龍頷下。」墨筆眉批：「龍頷。」
呂注：「世之冒險探嘗，以徼寵名」，「此乃至人之所危而哀之。」硃筆旁批：「何用說！」
呂注：「則太廟犧牲，非所畏也。」硃筆旁批：「倍。」硃筆尾批：「此正不必解。」
「莊子曰：吾以天地爲棺槨，日月爲連璧」云云。墨筆眉批：「此自非莊子之言。」
「以不平平，其平也不平。」硃筆旁批：「此義無窮。」
「明者唯爲之使，神者徵之」，「而愚者恃其所見入於人」。墨筆眉批：「明者。神者。愚。」

天下第三十三

墨筆旁批：「共二千六百五十八字。」
「古之所謂道術者，果惡乎在？曰：無乎不在。」墨筆旁批：「治世資生皆與實相不背。」
「神何由降？明何由出？聖有所生，王有所成，皆原於一。」墨筆眉批：「神、明、聖、王合作一個，蓋能神、能明、能聖，然後可以王。」

「蓄息畜藏，老弱孤寡爲意」云云。墨筆旁批：「此事要誰經綸溥遍？須得神明聖王。」

「皆有以養，民之理也。」墨筆旁批：「此言治民之道，非臚列其等級，與上所謂神、明、聖人、君子等而下之也。」墨筆眉批：「理。」

「明於本數，係於末度。」墨筆旁批：「本數、末度，原是分離不得底物件，頗似德本財末之義。」此段墨筆眉批：「此則莊先生本領，然只是明白嬾濩。」

「判天地之美，析萬物之理。」墨筆眉批：「理。」

「是故內聖外王之道，闇而不明。」墨筆眉批：「內聖外王。」

「古人之大體，道術將爲天下裂。」墨筆尾批：「此豈漫言，然而無有乎爾，則亦無有乎爾。」

呂注：「所謂天人、神人、至人、聖人、君子」云云。墨筆眉批：「無用如此分貼。」

「不侈於後世，不靡於萬物」云云。墨筆眉批：「勤儉。」

「墨翟、禽滑釐聞風而說之。」硃筆眉批：「墨翟。禽滑釐。」

「已之大循。」墨筆眉批：「『已之大循』，『已』字不知當作何聲，似卽『以』字，猶用也。」

「又好學而博。」墨筆旁批：「曲士未有不博學者。」

「以此教人，恐不愛人。」墨筆旁批：「者還是能身體力行，非自道寡嘴貽人者。」

「其道大觳，使人憂。」墨筆眉批：「觳」。

「禹親自操橐枱而九雜天下之川。」墨筆眉批：「橐枱。」

「相里勤之弟子，五侯之徒。」硃筆眉批：「『相里』以下，似皆學墨者名字。」

「墨子眞天下之好也。」墨筆旁批：「眞天下之好。好，猶愛也。謂眞愛天下，不忍妄費。」

「墨子」，「才士也夫。」墨筆眉批：「才士也夫。」

郭注：「則欲令萬物皆同乎己，故博而不異。」墨筆眉批：「又好學而博。博字分明自好學來，如何云『令萬物皆同乎己』？」

呂注：「已之大循者也。」墨筆眉批：「『已之大循』都不解。」

循本：「已之大順。」墨筆眉批：「『已』字作『以』音。」

循本：「相里，里名。勤，人名。五侯之徒，五等諸侯，左傳所謂五侯九伯也。」墨筆眉批：「明白相里勤之弟子，五侯之徒，何至便説至五侯九伯？可笑！」

「宋鈃、尹文聞其風而悦之。」硃筆眉批：「宋鈃。尹文。」

「接萬物，以別宥爲始。」墨筆眉批：「別宥。」

「以胹合驩，以調海内。」墨筆眉批：「胹。」

「其爲人太多，其自爲太少。」墨筆旁批：「此與墨近。」墨筆眉批：「爲人多，而自爲少。」

「弟子雖饑，不忘天下。」墨筆旁批：「此與墨者近。」

「故曰上下見厭而强見也」云云。硃筆眉批：「三『曰』字似其二子所著書語中。以爲無益于下，是莊子論斷。」

「圖傲乎救世之士哉！」硃筆眉批：「『圖傲』一句，又似上文才士也。夫下文之『博大眞人哉』之文法，或都是論斷之句。」

「不以身假物」。墨筆旁批：「卽是前『不苟於人』。」

循本：「請欲斯人立此心以爲之王也。」墨筆旁批：「是。」墨筆眉批：「迴別前二義，請欲賓屬心。良當。」

「決然無主，趣物而不兩。」墨筆旁批：「其德立篇曰：疑則動兩，動兩則爭，害在有與，不在獨也。故臣有多位者，國必亂；子有兩位者，家必亂云云。」墨筆眉批：「決則當有主矣。決然無主，卽是趣物中，卽是不兩。若決作決併之決，亦説得去。」

「彭蒙、田駢、愼到聞其風而悦之。」硃筆眉批：「彭蒙、田駢、愼到。」

「知萬物皆有所可，有所不可。」墨筆旁批：「是。」

「泠汰於物，以爲道理。」墨筆眉批：「理。」

「知不知，將薄知而後鄰傷之者也。」墨筆眉批：「主意若無知之物而已矣。」

「謑髁無任，而笑天下之尚賢也。」墨筆眉批：「謑髁。」

「椎拍輐斷，與物宛轉。」墨筆眉批：「椎拍輐斷。」

「夫無知之物，無建己之患。」墨筆旁批：「分馬用策，分田用鈎，措鈎石，使禹察之，不能識也。」

「是以終身無譽，故曰」云云。墨筆旁批：「此『故曰』字是其所著之言。」

「而至死人之理。」墨筆眉批：「理。」

「常反，人不聚觀，而不免於魭斷。」墨筆旁批：「呂注『反人』句。循本『反』句。」墨筆眉批：「前『輐斷』，後『魭斷』，恐是一字，而魚、車偶譌。」又墨筆眉批：「論惠施曰『以反人爲實』，則此『反人』似同彼義。」

「其所謂道，非道。」墨筆旁批：「此正是其魭斷處。」

呂注：「泠者清其濁，汰者去其擾。」硃筆眉批：「泠汰，以上下文義參之，猶云浮沉波流耳。」

呂注：「椎拍魭斷，連下三句，則泠汰於物之謂。椎拍，鍊治之。魭斷，破絕之。」墨筆眉批：「若以泠汰宛轉之義解之，則『椎拍輐斷』非鍊治破絕之謂也。」

循本：「遇事決然行之。」硃筆旁批：「決，似決湍水中。決然行之，非。」

循本：「謑，忍恥也。髁，獨行也。」「椎以拍之，輐以斷之。」墨筆眉批：「謑，忍恥。髁，獨行。椎以拍之，輐以斷之。」

循本：「其風聞然不可得而窺，又何可得而言？」硃筆眉批：「又一奇解。」

循本：「不免三兩人如魚隊之斷續而來。」墨筆旁批：「解勢。」

「關尹、老聃聞其風而悅之。」墨筆眉批：「關尹。老聃。」

「形物自著。」墨筆旁批：「其靜若鏡。」

郭注：「因其自生，任其自成，萬物各得自爲，蜘蛛猶能結網。」硃筆旁批：「何必輒此。」

「彼其充實，不可以已。」硃筆旁批：「此中有眞。」

「上與造物者遊，而下與外死生無終始者爲友。」墨筆眉批：「『外死生無終始者爲友』，累劫醒醒。」墨筆旁批：「此句非僧之所謂宗者乎？『友』字亦文章語耳，非又一個在。」

「其於宗也，可謂稠適而上遂矣。」墨筆眉批：「稠適上遂。」

「其理不竭，其來不蛻。」墨筆眉批：「理。」

呂注：「敖倪猶踈親也。」墨筆眉批：「敖倪猶疏親，未必然。」

「惠施多方，其書五車。」硃筆眉批：「惠施。」

「今日適越而昔來，連環可解也。我知天下之中央，燕之北，越之南是也。」墨筆眉批：「我不厭此等說，然不可盡。偶一及之爲騰口可耳，若據以爲術，眞有口而身可憐哉！」

「犬可以爲羊。」硃筆旁批：「地羊。」

「一尺之棰，日取其半，萬世不絕。」墨筆眉批：「尺棰。」

「桓團、公孫龍辯者之徒」。硃筆眉批：「桓團。公孫龍。」

「惜乎，惠施之才。」墨筆眉批：「惜惠施。」

劉概總論：「莊子思欲復仲尼之道」云云。硃筆旁批：「何必如此言！」

莊子翼附錄

莊論　阮籍

「奕奕然步，牗牗然視，」墨筆眉批：「牗牗。」

「垂曲裙，揚雙鶡」。墨筆眉批：「雙鶡。」

「風搖波蕩，相視牗脈；亂次而退，蹏跌失迹。」墨筆眉批：「牗。蹏跌。」

雜說　王雱

墨筆旁批：「凡二十九條。」

「聖人以必不必，衆人以不必必。」硃筆旁批：「又一見解。」